啓明学園中学校

〈収録内容〉

便利な DL コンテンツは右の QR コードから

解答用紙

⇒

※データのダウンロードは 2025 年 3 月末日まで。
※データへのアクセスには、右記のパスワードの入力が必要となります。 ⇒ 618722

〈合格最低点〉

※学校からの合格最低点の発表はありません。

本書の特長

実戦力がつく入試過去問題集

- ▶ 問題 …………… 実際の入試問題を見やすく再編集。
- ▶ 解答用紙 …… 実戦対応仕様で収録。
- ▶ 解答解説 …… 詳しくわかりやすい解説には、難易度の目安がわかる「基本・重要・やや難」の分類マークつき（下記参照）。各科末尾には合格へと導く「ワンポイントアドバイス」を配置。採点に便利な配点つき。

入試に役立つ分類マーク

基本 確実な得点源！
受験生の 90％以上が正解できるような基礎的、かつ平易な問題。
何度もくり返して学習し、ケアレスミスも防げるようにしておこう。

重要 受験生なら何としても正解したい！
入試では典型的な問題で、長年にわたり、多くの学校でよく出題される問題。
各単元の内容理解を深めるのにも役立てよう。

やや難 これが解ければ合格に近づく！
受験生にとっては、かなり手ごたえのある問題。
合格者の正解率が低い場合もあるので、あきらめずにじっくりと取り組んでみよう。

合格への対策、実力錬成のための内容が充実

- ▶ 各科目の出題傾向の分析、合否を分けた問題の確認で、入試対策を強化！
- ▶ その他、学校紹介、過去問の効果的な使い方など、学習意欲を高める要素が満載！

解答用紙ダウンロード 解答用紙はプリントアウトしてご利用いただけます。弊社ＨＰの商品詳細ページよりダウンロードしてください。トビラのＱＲコードからアクセス可。

UD FONT 見やすく読みまちがえにくいユニバーサルデザインフォントを採用しています。

啓明学園 中学校

広い視野のもと、豊かな人間性と独自の見識を持ち、世界を心に入れた人を育てる

URL	https://www.keimei.ac.jp

■生徒数　191名
〒196-0002
東京都昭島市拝島町5-11-15
☎042-541-1003
五日市線・青梅線・八高線・西武線拝島駅
徒歩20分またはスクールバス6分
中央線立川駅　バス25分
中央線八王子駅南口　スクールバス30分
京王線京王八王子駅　スクールバス20分

プロフィール

小・中・高12年の一貫教育

三井高維氏が東京・赤坂台町の私邸を開放し、帰国生のための啓明学園小学校を設立したのが1940年。1941年に中学部と高等女学部を設置した。1943年、中学部を現在地に移転し、一般生徒の受け入れを開始。戦後、全校を拝島に移して現在に至る。

「正直・純潔・無私・敬愛」というキリストの教えを教育の根本に置いた全人教育を目指しており、広大なキャンパスでの共学・少人数制による中高一貫教育は、一人ひとりの可能性を育んでいる。また帰国生が編入学でき、現地での教育体験を生かせる指導が特色で、帰国生、外国籍の生徒、留学生のための「国際プログレスクラス」を設置するなど、開かれた学園としても知られる。

環境

恵まれた自然に趣ある施設

多摩に広がるキャンパスはまさに山あり川あり。多摩川沿いの約3万坪の敷地は緑におおわれ、その木立を縫うように、3つの校舎や大・小4つのグラウンド、野球場、テニスコート、2つの体育館、カフェテリアなどが点在する。庭園や農園があるのもユニークだ。また、日本文化を伝える東京都指定有形文化財「北泉寮」、グローバル教育の拠点となる国際教育センターもある。

グローバルな学校生活

カリキュラム

習熟度別クラスと多彩な選択科目

中学では、演習や実験を多く取り入れた授業を行っている。国語では表現力を養う時間を設け、英語と数学では習熟度別にクラスを編成し、充実した授業を展開している。2月に英語・外国語スピーチコンテストを実施。英語だけでなく中国語、フランス語など多くの言語に触れることができる。

高校では、2年次より、文系・理系に分けて個々の進路に応じた選択科目を設置している。3年次では、受験に向けた演習が充実している。また、中学・高校ともに「聖書」の時間が週1時間ある。

学校生活

部活動や行事で個性を発揮

登校時間	中学	夏季	8：30	冬季	8：30
	高校		8：30		8：30

短期海外体験プログラムや中長期留学、芸術鑑賞教室や国際理解など、自ら体験する機会を大切にしている。また、中学は5月に、高校は1月に修学旅行を実施し、体験学習を行う。そのほか、平和の日礼拝、クリスマス礼拝など、宗教的色彩を持った学校行事もある。

クラブは、運動部10、文化部7と数は多くはないが、いずれも活発に活動している。

進路

ミッション系大学に推薦枠

卒業生の大半が進学を希望し、そのうちの約80%が大学、3%ほどが短大・専門学校へ進学する。早稲田、上智、国際基督教、立教などへの進学者が多い。また、指定校推薦枠も多数。UPAA(海外協定大学推薦制度)などで海外大学に進学する者もいる。

ラウンドスクエア国際会議

国際化

国際学級に留学盛んな海外交流

1972年に「国際学級」を設け、帰国生や外国籍の生徒が全体の約3割在籍し、留学生も積極的に受け入れている。さらに、世界的な学校同盟であるラウンドスクエアに加盟し、オーストラリア・アメリカ・アイルランド・ドイツなど海外の5つの姉妹校とも提携して、留学・研修の他にもオンラインツールを利用して様々な交流を行っている。

INFORMATION

●学校説明会
4/13（土）10:30 | 4/27（土）10:30
5/11（土）10:30 | 5/25（土）10:30
6/15（土）10:30 | 7/13（土）10:30

●入試説明会
8/24（土）10:00 | 9/28（土）10:30
10/12（土）10:30 | 11/30（土）10:30

2024年度入試要項

試験日　2/1午前・午後（第1回・適性検査型・得意科目）　2/2午前・午後（第2回・プレゼンテーション）　2/5（第3回・適性検査型）

試験科目　国・算か国・算・英（第1～3回）
適性検査型（2/1午前・2/5午前）
得意科目〈算数特待か英語特化か国語四技能〉（2/1午後）
プレゼンテーション（2/2午後）

2024年度	募集定員	受験者数	合格者数	競争率
第1回	50	23	18	1.3
適性/得意		11	5	2.2
第2回/プレ	10	9/1	4/0	2.3/—
第3回/適性	10	10	7	1.4

※帰国生入試・国際生入試についての詳細は、学校に直接お問い合わせ下さい

過去問の効果的な使い方

① **はじめに**　ここでは，受験生のみなさんが，ご家庭で過去問を利用される場合の，一般的な活用法を説明していきます。もし，塾に通われていたり，家庭教師の指導のもとで学習されていたりする場合は，その先生方の指示にしたがって，過去問を活用してください。その理由は，通常，塾のカリキュラムや家庭教師の指導計画の中に過去問学習が含まれており，どの時期から，どのように過去問を活用するのか，という具体的な方法がそれぞれの場合で異なるからです。

② **目的**　言うまでもなく，志望校の入学試験に合格することが，過去問学習の第一の目的です。そのためには，それぞれの志望校の入試問題について，どのようなレベルのどのような分野の問題が何問，出題されているのかを確認し，近年の出題傾向を探り，合格点を得るための試行錯誤をして，各校の入学試験について自分なりの感触を得ることが必要になります。過去問学習は，このための重要な過程であり，合格に向けて，新たに実力を養成していく機会なのです。

③ **開始時期**　過去問との取り組みは，通常，全分野の学習が一通り終了した時期，すなわち6年生の7月から8月にかけて始まります。しかし，各分野の基本が身についていない場合や，反対に短期間で過去問学習をこなせるだけの実力がある場合は，9月以降が過去問学習の開始時期になります。

④ **活用法**　各年度の入試問題を全問マスターしよう，と思う必要はありません。完璧を目標にすると挫折しやすいものです。できるかぎり多くの問題を解けるにこしたことはありませんが，それよりも重要なのは，現実に各志望校に合格するために，どの問題が解けなければいけないか，どの問題は解けなくてもよいか，という眼力を養うことです。

算数

どの問題を解き，どの問題は解けなくてもよいのかを見極めるには相当の実力が必要になりますし，この段階にいきなり到達するのは容易ではないので，この前段階の一般的な過去問学習法，活用法を2つの場合に分けて説明します。

☆偏差値がほぼ55以上ある場合

掲載順の通り，新しい年度から順に年度ごとに3年度分以上，解いていきます。

ポイント1…問題集に直接書き込んで解くのではなく，各問題の計算法や解き方を，明快にわかるように意識してノートに書き記す。

ポイント2…答えの正誤を点検し，解けなかった問題に印をつける。特に，解説の **基本** **重要** がついている問題で解けなかった問題をよく復習する。

ポイント3…1回目にできなかった問題を解き直す。同様に，2回目，3回目，…と解けなければいけない問題を解き直す。

ポイント4…難問を解く必要はなく，基本をおろそかにしないこと。

☆偏差値が50前後かそれ以下の場合

ポイント1～4以外に，志望校の出題内容で「計算問題・一行問題」の比重が大きい場合，これらの問題をまず優先してマスターするとか，例えば，大問2までをマスターしてしまうとよいでしょう。

理科

理科は1から順番に解くことにほとんど意味はありません。理科は，性格の違う4つの分野が合わさった科目です。また，同じ分野でも単なる知識問題なのか，あるいは実験や観察の考察問題なのかによってもかかる時間がずいぶんちがいます。記述，計算，描図など，出題形式もさまざまです。ですから，解く順番の上手，下手で，10点以上の差がつくこともあります。

過去問を解き始める時も，はじめに1回分の試験問題の全体を見通して，解く順番を決めましょう。得意分野から解くのもよいでしょう。短時間で解けそうな問題を見つけて手をつけるのも効果的です。くれぐれも，難問に時間を取られすぎないように，わからない問題はスキップして，早めに全体を解き終えることを意識しましょう。

社会

社会は1から順番に解いていってかまいません。ただし，時間のかかりそうな，「地形図の読み取り」，「統計の読み取り」，「計算が必要な問題」，「字数の多い論述問題」などは後回しにするのが賢明です。また，3分野（地理・歴史・政治）の中で極端に得意，不得意がある受験生は，得意分野から手をつけるべきです。

過去問を解くときは，試験時間を有効に活用できるよう，時間は常に意識しなければなりません。ただし，時間に追われて雑にならないようにする注意が必要です。“誤っているもの”を選ぶ設問なのに“正しいもの”を選んでしまった，“すべて選びなさい”という設問なのに一つしか選ばなかったなどが致命的なミスになってしまいます。問題文の“正しいもの”，“誤っているもの”，“一つ選び”，“すべて選び”などに下線を引いて，一つ一つ確認しながら問題を解くとよいでしょう。

過去問を解き終わったら，自己採点し，受験生自身でふり返りをしましょう。できなかった問題については，なぜできなかったのかについての分析が必要です。例えば，「知識が必要な問題」ができなかったのか，「問題文や資料から判断する問題」ができなかったのかで，これから取り組むべきことも大きく異なってくるはずです。また，正解できた問題も，「勘で解いた」，「確信が持てない」といったときはふり返りが必要です。問題集の解説を読んでも納得がいかないときは，塾の先生などに質問をして，理解するようにしましょう。

国語

過去問に取り組む一番の目的は，志望校の傾向をつかみ，本番でどのように入試問題と向かい合うべきか考えることです。素材文の傾向，設問の傾向，問題数の傾向など，十分に研究していきましょう。

取り組む際は，まず解答用紙を確認しましょう。漢字や語句問題の量，記述問題の種類や量などが，解答用紙を見て，わかります。次に，ページをめくり，問題用紙全体を確認しましょう。どのような問題配列になっているのか，問題の難度はどの程度か，などを確認して，どの問題から取り組むべきかを判断するとよいでしょう。

一般的に「漢字」→「語句問題」→「読解問題」という形で取り組むと，効率よく時間を使うことができます。

また，解答用紙は，必ず，実際の大きさのものを使用しましょう。字数指定のない記述問題などは，解答欄の大きさから，書く量を考えていきましょう。

算数　出題傾向の分析と合格への対策

●出題傾向と内容

近年の大問数は7題であり，小問数は25題前後である。[1]は簡単な計算問題であり，[2]は各分野の基本レベルの内容を問う出題になっている。[3]～[7]は，それぞれ独立した内容であり，基本レベルから標準レベルまでの問題が出題されている。

具体的には[3]が「2量の関係とグラフ」の問題であり，グラフの「作図」が含まれている。[4]は「平面図形」，[5]は「立体図形」，[6]，[7]は「場合の数・その他」，「速さの三公式」に関する問題であり，ほとんどが基本問題にもとづいて構成されている。

したがって，標準レベルまでの問題をよく練習することによって考え方の基礎を身につけてしまおう。

✔学習のポイント

[1]の計算問題6題，[2]の一行問題5題を速く正確に解ける実力をつけることが第一のポイントである。

●2025年度の予想と対策

過去問を利用して本校の問題傾向と問題レベルについて自分なりに把握することが大切である。

計算問題は，つねに工夫できないかと考えながら毎日一定数こなすことが重要であり，数の性質に慣れるように努めよう。その次は，単位の換算も速く正確に行えるように反復しよう。

そして，間違えた重要な問題についてはなぜ間違えたのかその理由を自分で考え直し，反復練習しよう。

▼年度別出題内容分類表

※　よく出ている順に☆，◎，○の３段階で示してあります。

分野		出題内容	2023年	2024年
数と計算		四則計算	◎	◎
数と計算		概数・単位の換算	☆	◎
数と計算		数の性質		◎
数と計算		演算記号		
図形		平面図形	☆	☆
図形		立体図形	☆	◎
図形		面積	☆	☆
図形		体積と容積	○	
図形		縮図と拡大図		
図形		図形や点の移動		
速さ		三公式と比	☆	☆
速さ	文章題	旅人算		○
速さ	文章題	流水算		
速さ	文章題	通過算・時計算	◎	
割合		割合と比	☆	☆
割合	文章題	相当算・還元算		
割合	文章題	倍数算		
割合	文章題	分配算		
割合	文章題	仕事算・ニュートン算		
		文字と式		
		2量の関係(比例・反比例)	☆	
		統計・表とグラフ	☆	☆
		場合の数・確からしさ	☆	○
		数列・規則性	○	
		論理・推理・集合		
その他の文章題		和差・平均算		○
その他の文章題		つるかめ・過不足・差集め算		○
その他の文章題		消去・年令算		
その他の文章題		植木・方陣算	○	

算数 ——グラフで見る最近２ヶ年の傾向——

最近２ヶ年に出題されたすべての問題を内容別に分類・集計し，全体に対して何パーセントくらいの割合になっているかを示しました。

……50校の平均　　……啓明学園中学校

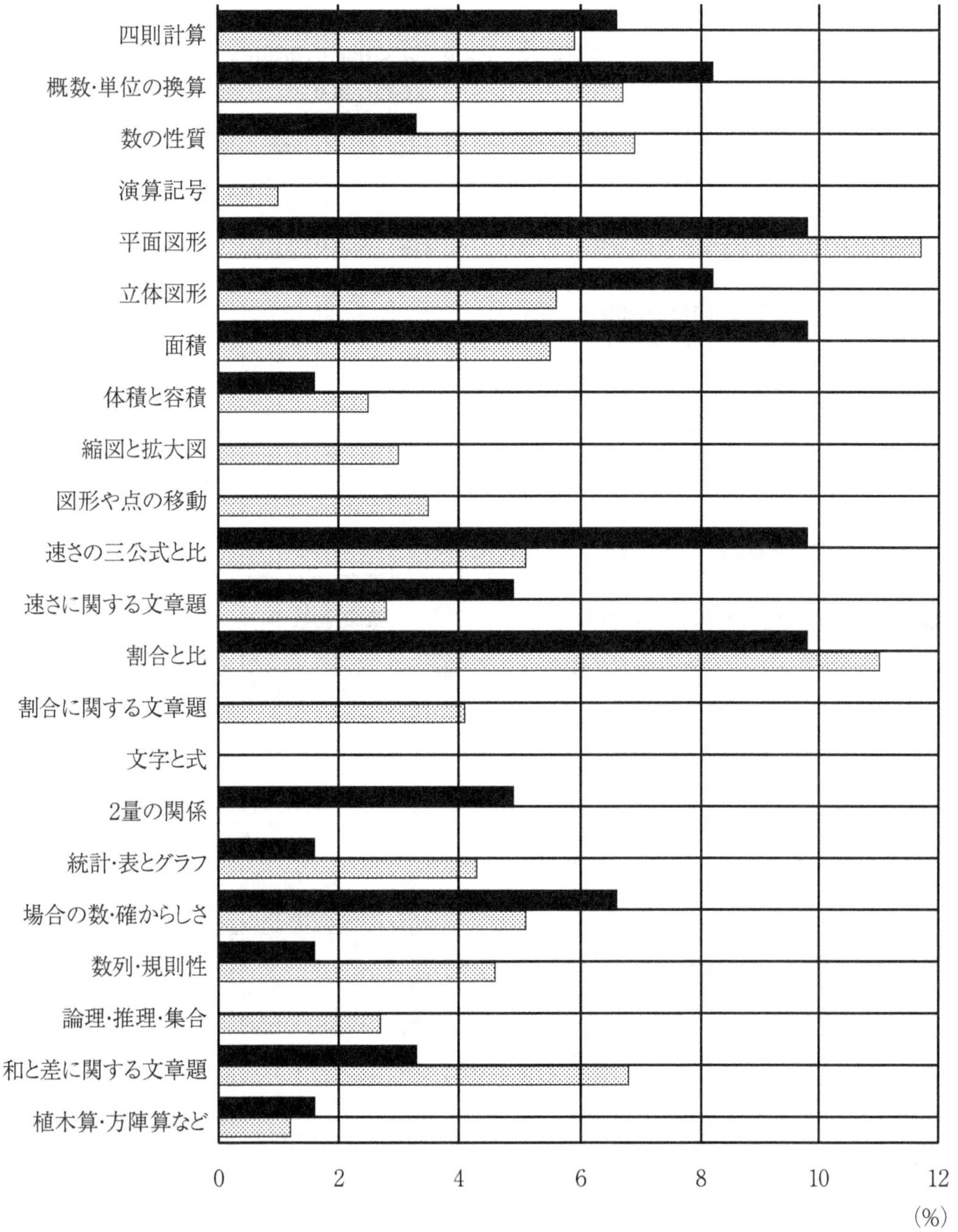

国語　出題傾向の分析と合格への対策

●出題傾向と内容

論理的文章の長文読解問題と，漢字の独立問題が各1題ずつの大問2題構成であった。

論理的文章は，専門的なテーマであるが，読みやすい内容である。指示語や理由などを説明する記述問題が中心で，文脈をていねいに読み取る必要がある。内容真偽や空欄補充のほか，自分の考えを書く問題も出題されている。

漢字以外の知識分野は本文に組み込まれる形で，ことばの意味，反対語などが出題されており，幅広い知識が必要である。

問題数は12問ほどで，知識から読解力まで，総合的な国語力を試される内容である。

✔学習のポイント

文脈をていねいに読み取ることを心がけよう！

知識分野は幅広く積み上げておこう！

●2025年度の予想と対策

論理的文章1題に，漢字の独立問題の構成は今後も続くと見られる。

論理的文章は，論の流れとともに内容を正確に読み取れるようにしておく。過去問などを通して，段落ごとの要旨をおさえながら，全体の流れをしっかりつかんでいく練習をしておきたい。身近な話題をあつかったジュニア新書などを読んで，要旨をつかむ力をつけておこう。

字数指定のない記述問題が多いので，求められている内容を的確に答えるために，文脈をていねいにたどって内容をまとめる要約力も必須である。

漢字の問題は標準的な難易度だが，書き取り問題では送りがなまで書く必要があるので，音読み・訓読みを正確に覚えるようにしよう。漢字以外の知識分野は，ことばの意味や反対語，過去には文と文節なども出題されているので，幅広くおさえておきたい。

▼年度別出題内容分類表

※　よく出ている順に☆，◎，○の３段階で示してあります。

出題内容			2023年	2024年
内容の分類	読解	主題・表題の読み取り		
		要旨・大意の読み取り	○	○
		心情・情景の読み取り		
		論理展開・段落構成の読み取り		
		文章の細部の読み取り	○	◎
		指示語の問題	☆	○
		接続語の問題		○
		空欄補充の問題	○	○
	知識	ことばの意味	○	○
		同類語・反対語		○
		ことわざ・慣用句・四字熟語		
		漢字の読み書き	☆	☆
		筆順・画数・部首		
		文と文節	○	
		ことばの用法・品詞		
		かなづかい		
		表現技法		
		文学作品と作者		
		敬語		
	表現	短文作成		
		記述力・表現力	☆	☆
文の種類	論説文・説明文		○	○
	記録文・報告文			
	物語・小説・伝記			
	随筆・紀行文・日記			
	詩（その解説も含む）			
	短歌・俳句（その解説も含む）			
	その他			

国語 ——グラフで見る最近２ヶ年の傾向——

最近２ヶ年に出題されたすべての問題を内容別に分類・集計し，全体に対して何パーセントくらいの割合になっているかを示しました。

……50校の平均　　……啓明学園中学校

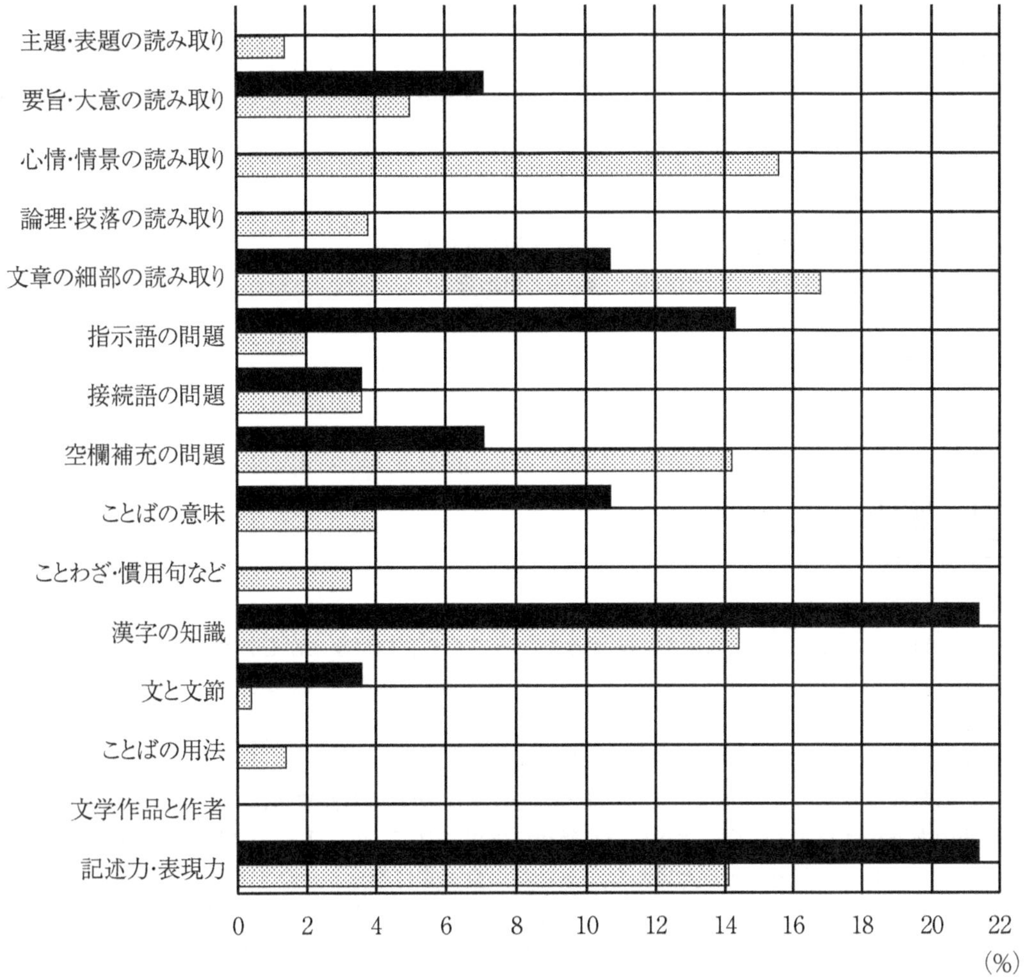

	論説文 説明文	物語・小説 伝記	随筆・紀行 文・日記	詩 (その解説)	短歌・俳句 (その解説)
啓明学園中学校	100.0%	0.0%	0.0%	0.0%	0.0%
50校の平均	47.0%	45.0%	8.0%	0.0%	0.0%

2024年度　合否の鍵はこの問題だ!!

算　数　2 (5)

「長方形のタテと横の長さ」を求める問題であり，「タテ＋横の長さ」は，全体(周)の長さの半分であることを利用する。

【問題】

50cmの針金を使ってタテと横の長さの差が5cmになるように曲げて長方形を作った。この長方形の面積はいくつか。

【考え方】

タテ＋横…50÷2＝25(cm) ←――― 第1のポイント
タテまたは横…(25－5)÷2＝10(cm) ←― 和差算
他方…25－10＝15(cm)
したがって，面積は10×15＝150(cm^2)

国　語　二　問8

★合否を分けるポイント

⑦「食料の問題は，これからますます大きくなってくる」のはなぜかを答える記述問題である。「理由は○○だ」という形で直接述べられていないことを，本文の文脈を読み取って，的確に説明できているかがポイントだ。

★前後の文脈から，説明に必要な内容を読み取る

⑦のある段落までで，「先進国」と「開発途上国」それぞれの食品ロスについて，先進国では，消費者が余裕のある生活をするために食べものが過剰に提供されていることや，食品に見栄えや高い品質を求めるため，少しでも問題があると買わなかったり，食べずに廃棄したりすることで食品ロスが発生している→開発途上国では，むしろ食品ロスが少ないのが特徴で，食べものが不足するのは，買うお金が足りないだけでなく，安定的に生産する技術が乏しい，食べものを作っても運ぶ方法がないという根本的な問題がある。また，人々が協力する組織がないこともあり，食料を保管する設備や食料を運ぶ道路が不十分なため，効率的な農業ができていない→世界のすべての人が食べるのに十分な食料が生産されているにもかかわらず，地域によっては，食べるのにこと欠いている人がいる→二〇二一年の世界の総人口は約七八億人，二〇五〇年には九八億人に達すると見込まれている→⑦→今の農業生産力で作られる食料を適正に配分できれば，地球上の飢餓問題は解消できる，という内容になっている。先進国と開発途上国の食品ロスの現状の問題点をふまえ，今後世界の総人口が増えることで⑦である，ということを述べているので，⑦の理由は「世界の総人口が増え続け，食料が不足するから」というような説明になる。あるいは，⑦の解決法として直後で述べている，食料を適正に配分できれば，地球上の飢餓問題は解消

できる，という内容は，現状ではできていないということなので，「すべての人に食料を適正に分配する方法がないままに世界の総人口が増え続けることによって，ますます食料が行き渡らなくなるから」ということも⑦の理由の説明になる。論の流れとともに，前後の文脈から「食料の問題」を具体的にとらえ，説明に必要な内容を読み取って的確に説明していくことが重要だ。

MEMO

大切なことはメモしておこうネ！

2024年度

★★★★★★★★★★★★★★★★★★★★★★★

入　試　問　題

2024年度

啓明学園中学校入試問題

【算　数】（45分）　＜満点：100点＞

1　次の計算をしなさい。

(1)　$8 \times (5 - 3)$

答＿＿＿＿＿＿

(2)　$54 \div 9 \times 3$

答＿＿＿＿＿＿

(3)　$3.78 \div 0.7$

答＿＿＿＿＿＿

(4)　$\frac{5}{24} + 2\frac{1}{6} - 1\frac{1}{4}$

答＿＿＿＿＿＿

(5)　$3\frac{1}{4} \div 0.25 + 2\frac{3}{4} - 0.75$

答＿＿＿＿＿＿

(6)　$\left(\frac{15}{28} + \frac{15}{4} + \frac{15}{2}\right) \times \left(\frac{3}{5} + \frac{1}{3}\right)$

答＿＿＿＿＿＿

2　あとの問いに答えなさい。

(1)　定価4800円のカバンが２割引で売られています。いくら安くなっていますか。

答＿＿＿＿＿＿円

(2)　大小２個のさいころを同時に投げます。大きいさいころと小さいさいころの出た目の合計が10になるのは何通りありますか。

答＿＿＿＿＿＿通り

⑶　63円切手と84円切手を合わせて26枚買いました。2000円払ったらおつりが26円でした。63円切手は何枚買いましたか。

答　　　　　枚

⑷　昨年の身体測定で，姉は弟より身長が13.2㎝高かったです。今年の身体測定では，昨年の身長より姉は1.8㎝，弟の身長は7.1㎝のびました。２人の身長差は何㎝ですか。

答　　　　　㎝

⑸　50㎝の針金を使って，たてと横の長さの差が５㎝になるように曲げて長方形をつくりました。この長方形の面積はいくつですか。

答　　　　　cm^2

3　東京の昨年の２月２日から２月６日までのそれぞれの一日の最低気温を気象庁のデータをもとに表にまとめました。次の問いに答えなさい。

	2月2日	2月3日	2月4日	2月5日	2月6日
最低気温	4.7℃	3.2℃	2.2℃	1.4℃	3.2℃

⑴　最低気温がもっとも高い日は２月何日ですか。

答　２月　　　日

⑵　最低気温がもっとも高い日の気温ともっとも低い日の気温の差は何℃ですか。

答　　　　　℃

⑶　前のページのデータの折れ線グラフをかきなさい。

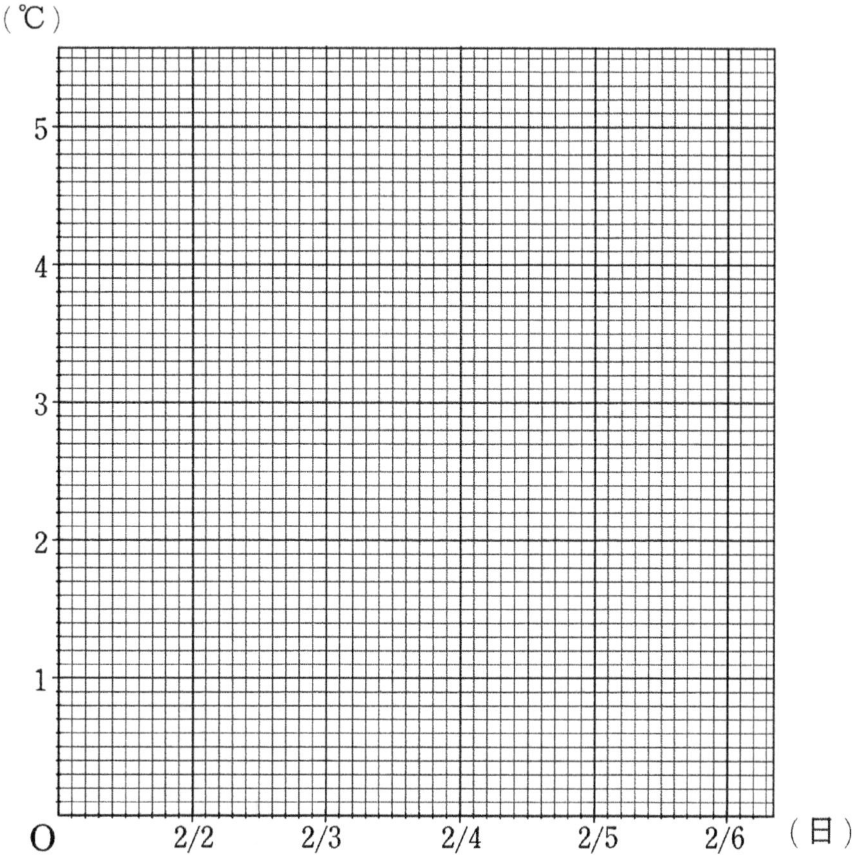

4　下の図は，半径３㎝の円が正方形にぴったりとくっついた図です。
次のページの問いに答えなさい。ただし，円周率は3.14とします。

図

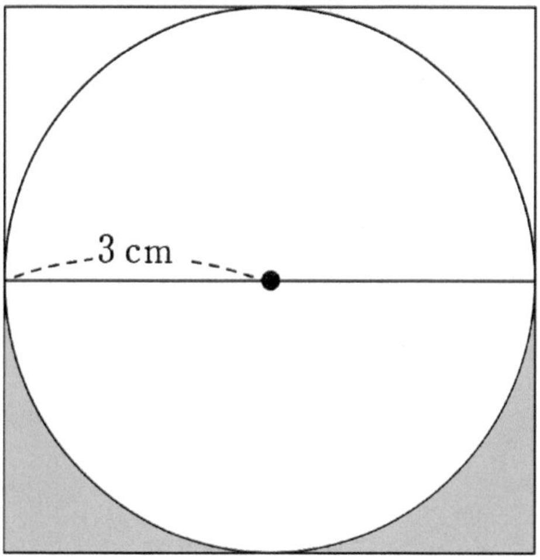

⑴　円の周の長さは何cmですか。

答　　　　　　cm

⑵　円の面積は何cm^2ですか。

答　　　　　　cm^2

⑶　色をぬった部分の面積は何cm^2ですか。

答　　　　　　cm^2

5　右の図は１辺が３cmの立方体です。
次の問いに答えなさい。

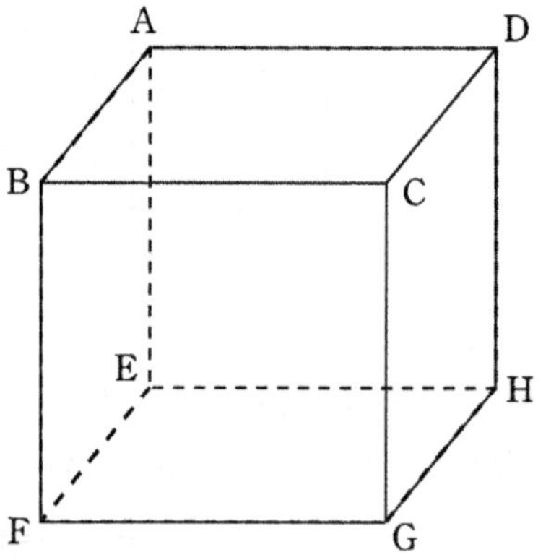

⑴　この立方体の表面積は何cm^2ですか。

答　　　　　　cm^2

⑵　上の立方体で，点Aと点Cを通る平面で切断すると，切り口が正三角形になりました。点Aと点C以外にどの頂点を通ればよいですか，すべて答えなさい。

答

6 池のまわりに１周1980mの道があります。その道を啓子さんは分速60m，明くんは分速72mで歩きます。次の問いに答えなさい。

⑴ 啓子さんは池のまわりを１周歩くのに何分かかりますか。

答　　　　　　分

⑵ 明くんが啓子さんと同じ方向に同時に出発したとき，明くんは出発した地点に啓子さんより何分何秒早く着きますか。

答　　　　分　　　　秒

⑶ ２人が反対方向に同時に出発したとき，はじめて出会うのは出発して何分後ですか。

答　　　　　　分後

7 中学１年生全員が数学の難問５問に挑戦しました。１問だけ正解した生徒は全体の$\frac{1}{4}$，２問だけ正解した生徒は全体の$\frac{1}{3}$，３問だけ正解した生徒は全体の$\frac{1}{5}$，４問だけ正解した生徒は全体の$\frac{1}{6}$でした。全員１問以上は正解していました。また，中学１年生全員の人数は55人以上65人未満です。次の問いに答えなさい。

⑴ 中学１年生の人数は何人ですか。

答　　　　　　人

⑵ 全問正解した生徒は何人ですか。

答　　　　　　人

う意識があるからですか。答えなさい。

問6 ――④「フードバンク」について、次の問いに答えなさい。

1 「フードバンク」とはどのようなものか、答えなさい。

2 ――⑤「日本ではまだまだ活動は一部の地域にとどまっており」とあるが、その理由を二点答えなさい。

問7 ――⑥「先進国と開発途上国での食品ロスの発生のしかたは大きく異なります」とありますが、「先進国」と「開発途上国」の食品ロスの原因をそれぞれ二点ずつ説明しなさい。

問8 ――⑦「食料の問題は、これからますます大きくなってくる」のはなぜですか。答えなさい。

問9 ――⑧「公平に食料を配分」するとは具体的にどのようにすることですか。答えなさい。

問10 [X] に入る言葉として最も適切なものを次の中から選んで記号で答えなさい。

ア 食品ロスが先進国の中でもっとも多い

イ 海外から食料を大量に輸入している

ウ ほとんどの食料を自国で生産している

エ 食品ロスによって食料自給率が高くなっている

問11 次のア～オについて本文の内容に合うものは○、合わないものは×を書きなさい。

ア 飲食店の食品ロスは、お店が注文を予測して作り置きをしたり、盛り付けを多くして見栄えを重視したりすることで起こる。

イ 日本と海外では食料品の「規格」が統一されておらず、海外の方が規格が厳しいため、日本は食料の輸入が多くなってしまう。

ウ コロナ禍以降、日本でもフードバンク活動を通じて食品ロス対策が進められているが、その活動規模はまだまだ十分ではない。

エ 開発途上国では元々足りない食べものを人々が粗末にするようなことはなく、消費者段階で食品ロスが発生することは少ない。

オ 少子高齢化の影響で世界の総人口は減少傾向にあるため、食料を公平に配分することで飢餓問題を回避できるといわれている。

問12 本文のはじめに「飲食店の食品ロスは主にお客さんの食べ残しによるものです」とありますが、「食べ残しをしない」以外で、食品ロスを出さないために、消費者としてできることは何ですか。あなたの考えを書きなさい。

人、二〇五〇年には九八億人に達すると見込まれています。⑦食料の問題は、これからますます大きくなってくるでしょう。しかし研究者のなかには、もし今の農業生産力で作られる食料を無駄なくc適正に配分できれば、地球上の飢餓《きが》問題は解消できるという人もいます。たとえば、食品ロスを出さずに⑧公平に食料を配分できれば、理論的にはギリギリで飢餓問題を回避できる可能性があるというのです。

国連WFPでも「「飢餓ゼロ」達成に向けた五つの方法」を掲げ、そのなかに「食料廃棄・ロスの削減」をいれています。

公平かつ適正に食べものを配分するということは、自国でできるだけ食料を生産して、ほかの国から輸入しすぎないということを意味します。

ところで、日本に住む私たちが食べている食料のうち、日本で作られたものの割合(食料自給率といいます)はどれくらいか知っていますか?

生産額ベースでは六七%、エネルギー換算したカロリーベースではわずか三七%です(二〇二〇年度)。先進国のなかで、日本は食料自給率が著しく低い国といえます。

つまり、日本は［X］国なのです。たくさん作っている国から輸入しているのであれば問題ないのでは、と思う人もいるかもしれません。そこはきちんと調べてみなくてはわかりません。もしかしたら、ほかの国の食べものを奪っている可能性もあれば、農地を荒らしている可能性もあります。

（小林富雄『食品ロスはなぜ減らないの?』岩波書店）

問1 ═a・b・cの意味として最も適当なものをそれぞれ選び記号で答えなさい。

a「見込み」
ア 将来そうなるという確信をもった推測
イ 過去に見たことをもとにして持つ理想
ウ 過去から将来までに起こることの想像
エ 将来こうなってほしいという強い希望

b「支援する」
ア すすんで働きかける
イ 広く行き渡らせる
ウ 力を貸して助ける
エ お金を集めて寄付する

c「適正」
ア すばやく間に合わせること
イ 争いやもめごとがないこと
ウ 常にみな同じであること
エ ほどよく間違いがないこと

問2 ──①「後者」とは何をさし示していますか。本文から抜き出して答えなさい。

問3 文中の空欄［I］、［II］、［III］にあてはまる単語として最も適当なものを次の中から選んで記号で答えなさい。

ア なぜなら　イ さらに　ウ つまり　エ しかし

問4 ──②「原因」の対義語を本文から抜き出して答えなさい。また、次にあげる言葉の対義語を答えなさい。

1 苦手　2 地味　3 集合

問5 ──③「そうした努力」をするのは、製造・販売する側にどうい

残ったり、期限が過ぎたりした商品は捨てられています。それが仕事上のルールになっているのです。

日本のお店をみに来る外国人はたいてい「品揃《しなぞろ》えはパーフェクト！」と言いますが、食品ロスが出ていることを知ると「④フードバンクはないのか？」と聞き返してきます。

「フードバンク」とは一言でいうと、余っている食べものを食べものを必要とする人のために寄付する活動です。しかし、⑤日本ではまだまだ活動は一部の地域にとどまっており、アメリカの一〇〇分の一くらいの規模です（重量換算《かんさん》の場合）。日本では、寄付をした食品で食中毒が起こらないかを気にしたり、寄付することが社会的に評価されることが少なかったりして、活動がなかなか広がりません。一方、海外では、寄付をした食品で事故が起こっても責任を問わないとする法律がある国もあります。また、寄付した分を金額換算して収入から差し引いて、納める税金の負担を軽くする仕組みが整っていたりします。長引くコロナ禍で、日本でも農林水産省を中心にフードバンク支援緊急対策事業が行われるようになりました。そこには、「子ども食堂等への食品提供を行っているフードバンクの役割が重要になってきていることから、フードバンク活動を通じた食品ロス削減を図るために、フードバンクに対して、未利用食品の受入れ、提供を拡大する取組」（農林水産省ＨＰ）に必要となる経費をｂ支援することがうたわれています。

⑥先進国と開発途上国で、食品ロスの発生のしかたは大きく異なります。先進国では、消費者が余裕のある生活をするために食べものが過剰《かじょう》に提供されていることが原因で食品ロスが発生しています。さらに特徴的なこととしてあげられるのは食品に見栄えや高い品質を求めるため、少しでも問題があると買わなかったり（結果として売れ残り食品ロスが生じる）、食べずに廃棄《はいき》したりすることです。これはどの先進国の消費者にも共通してみられます。

一方、開発途上国では、消費者段階ではむしろ食品ロスが少ないのが特徴です。途上国の人たちは、食べものが足りない状態にあるためにそれを粗末《そまつ》にするようなことはしないからです。

こうした国で食べものが不足する理由は、単に買うお金が足りないだけでなく、安定的に生産する技術が乏《とぼ》しい、食べものを作っても運ぶ方法がないという根本的な問題があります。また効率的な農業をするには、人も技術も必要です。しかし現実には人々が協力する組織（足場）がないこともあり、技術開発も後れ、計画的に食料を作っていくことができません。そのため、豊作の時には保管できずに腐らせてしまうこともあります。その結果、食べものが皆にいき渡らない状態に陥《おちい》ることがあります。じっさい栄養不足が深刻なインドでは、道路や設備が不十分なため果物や野菜の三〇％が廃棄されているといわれています。国際協力という名目で、多少のお金を援助するだけでは、根本的な解決にはなりません。

世界のすべての人が食べるのに十分な食料が生産されているにもかかわらず、地域によっては、食べるのにこと欠いている人がいます。国連ＷＦＰは、「二〇一九年には五五ヶ国一億三五〇〇万人が急性食料不良に直面しました。さらに、三人に一人が何らかの栄養不良に苦しんでいるのが現状」と報告しました（ＷＦＰ「飢餓をゼロに」）。しかも国連人口基金（ＵＮＦＰＡ）によると、二〇二一年の世界の総人口は約七八億

【国　語】（四五分）〈満点：一〇〇点〉

一、――1～10のひらがなは漢字に、漢字はひらがなに直しなさい。（送りがなも書くこと）

1　小さな花屋をけいえいする。
2　音楽家としてのそしつがある。
3　早起きのしゅうかんを身につける。
4　父は家をしんちくした。
5　ガラスのはへんが散らばる。
6　きれいなもようの洋服。
7　ごみを分別してすてる。
8　こきょうの友達がなつかしい。
9　非日常の体験をした。
10　備忘録に記入した。

二、次の文章を読んで後の問に答えなさい。

飲食店の食品ロスは主にお客さんの食べ残しによるものです。けれどもファーストフード店と宴会やパーティーが開かれる居酒屋やレストランなどを比較すると、食べ残し量に三〇倍もの差があり、①後者のほうが圧倒的に多いのが特徴です。「飲食店」とひとくくりにできません。どうしてそんなにも差が出るのでしょう。宴会やパーティーでは、食べること以上におしゃべりすることに夢中になってしまい、食べ残しが出てしまうからです。だったら盛り付けを少なくして、無駄を省けばいいと思う人もいるでしょう。［Ｉ］量が少ないと見栄えが良くないとお客さんに怒られたりしてしまうのでなかなかそうできないのです。困った話です。また、お客さんの注文にすぐ応えられるようあらかじめ作り置きをしたり、調理作業を効率化するために前倒しで準備したりするお店もありますが、そのa見込みが外れると多くの食品が余ることになり、結果捨てられてしまいます。［Ⅱ］、オーダーミスで間違ったものを作ってしまったり、髪の毛などが混入したり、味付けを間違うといった調理ミスなども食品ロスの②原因となります。

これらからわかるのは、食品ロスが減らない理由は、消費者、［Ⅲ］「食べる人」のことを考えて、お店や工場があれこれ取り組んでいる結果だということです。

ところで、日本と海外をくらべると、食品ロスの発生のしかたに大きな違いがあります。その一つが「規格」です。日本の場合、前述した生産者団体だけでなく、卸売市場、小売店などでも規格が定められています。つまり、各段階で規格から外れたものがすべて食品ロスになってしまうのです。このようなことは海外では少なく、そのため「規格が厳しい日本へ輸出するのは大変だ」といわれています。

それだけではありません。「売り場の見栄えをよくしよう」とするために「絶対に欠品してはならない」という雰囲気が小売店側にもメーカー側にもあります。そのためメーカーは欠品しそうになると、赤字になっても別のところから買ってきて出荷する数を揃《そろ》えたり、たった数個のためにトラックを一台チャーターして運んだりするなど涙ぐましい努力をします。そもそも、自社の倉庫に大量の在庫を準備しておいて、いつでも出荷できるようにしています。しかし③そうした努力の裏で、売れ

MEMO

大切なことはメモしておこうネ！

2024年度

解　答　と　解　説

《2024年度の配点は解答欄に掲載してあります。》

＜算数解答＞

1 (1) 16　(2) 18　(3) 5.4　(4) $1\frac{1}{8}$　(5) 15　(6) 11

2 (1) 960円　(2) 3通り　(3) 10枚　(4) 7.9cm　(5) $150cm^2$

3 (1) (2月)2日　(2) 3.3℃　(3) 解説参照

4 (1) 18.84cm　(2) $28.26cm^2$　(3) $3.87cm^2$

5 (1) $54cm^2$　(2) 点F，点H

6 (1) 33分　(2) 5分30秒　(3) 15分後

7 (1) 60人　(2) 3人

○配点○

3 各2点×3　4～7 各5点×10　他 各4点×11　計100点

＜算数解説＞

1 (四則計算)

(1) $8\times2=16$　(2) $6\times3=18$

(3) $37.8\div7=5.4$　(4) $2\frac{3}{8}-1\frac{2}{8}=1\frac{1}{8}$

(5) $13+2=15$　(6) $\frac{1}{2}+\frac{7}{2}+7=11$

2 (割合と比，場合の数，鶴亀算，平面図形，和差算)

基本 (1) $4800\times0.2=960$(円)

重要 (2) 3通り…(5，5)(4，6)(6，4)

(3) $\{84\times26-(2000-26)\}\div(84-63)=210\div21=10$(枚)

(4) 昨年の姉と弟の身長差…13.2cm　身長の伸び自体の差…弟が$7.1-1.8=5.3$(cm)多い　したがって，今年の身長差は$13.2-5.3=7.9$(cm)

(5) タテ＋横…$50\div2=25$(cm)　タテまたは横…$(25-5)\div2=10$(cm)　他方…$25-10=15$(cm)　したがって，面積は$10\times15=150(cm^2)$

基本 **3 (統計と表，グラフ)**

(1) 表より，2日

(2) $4.7-1.4=3.3$(℃)

(3) 折れ線グラフ…右図

	2月2日	2月3日	2月4日	2月5日	2月6日
最低気温	4.7℃	3.2℃	2.2℃	1.4℃	3.2℃

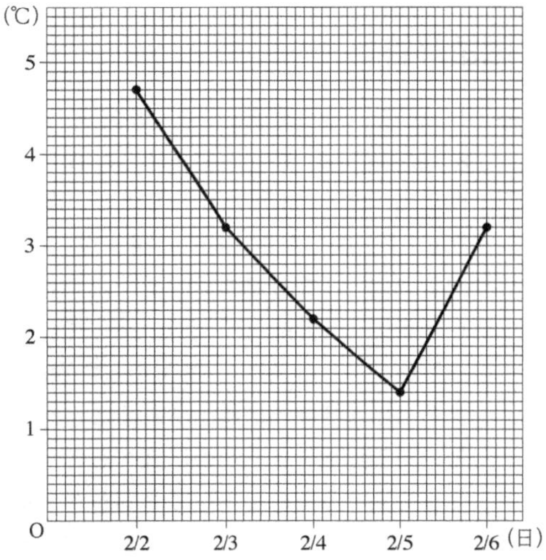

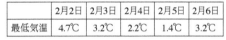

基本 4 （平面図形）

(1) 6×3.14＝18.84(cm)

(2) 3×3×3.14＝28.26(cm^2)

(3) (2)より，(6×6－28.26)÷2＝3.87(cm^2)

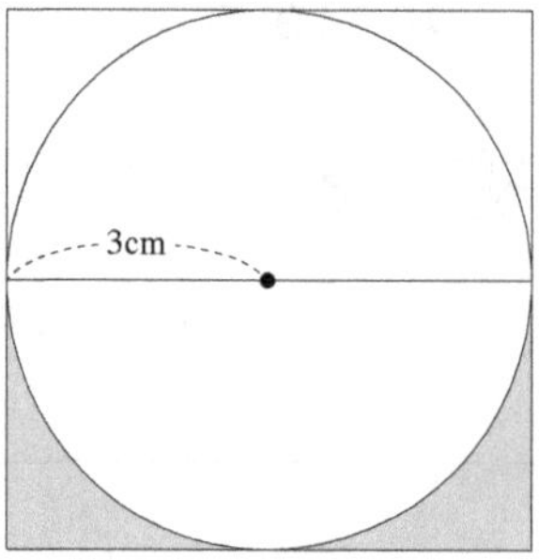

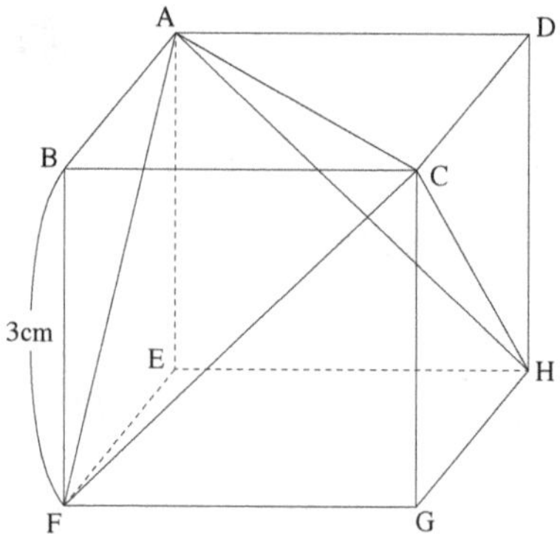

5 （平面図形，立体図形）

基本 (1) 3×3×6＝54(cm^2)

重要 (2) 右図より，F，H

基本 6 （速さの三公式と比，旅人算，単位の換算）

(1) 1980÷60＝33(分)

(2) (1)より，33－1980÷72＝33－27.5＝5.5(分)　　すなわち5分30秒早い

(3) 1980÷(60＋72)＝15(分後)

重要 7 （数の性質）

1問だけ正解した生徒…全体の$\frac{1}{4}$　　2問だけ正解した生徒…全体の$\frac{1}{3}$

3問だけ正解した生徒…全体の$\frac{1}{5}$　　4問だけ正解した生徒…全体の$\frac{1}{6}$

全体の人数…55人以上65人未満

(1) 4，3，5，6の最小公倍数…60人

(2) 60÷4＋60÷3＋60÷5＋60÷6＝15＋20＋12＋10＝57(人)　　したがって，全問正解した生徒は60－57＝3(人)

★ワンポイントアドバイス★

2(2)「目の和が10」の問題は，4＋6と6＋4を区別する。(3)「63円切手と84円切手」の問題は「鶴亀算」を利用し，(4)「身長差」の問題は「姉と弟」の身長差が昨年より今年のほうが小さくなっていることに注意しよう。

＜国語解答＞

一　1　経営　2　素質　3　習慣　4　新築　5　破片　6　模様　7　捨てる　8　故郷　9　ひにちじょう　10　びぼう

二　問1　a　ア　b　ウ　c　エ　問2　宴会やパーティーが開かれる居酒屋やレストラン　問3　Ⅰ　エ　Ⅱ　イ　Ⅲ　ウ　問4　結果　1　得意　2　派手　3　解散　問5　(例)「売り場の見栄えをよくしよう」とするために「絶対に欠品してはならない」という意識。　問6　1　(例)　余っている食べものを食べものを必要とする人のために寄付する活動。　2　(例)　・寄付をした食品で食中毒が起こらないかを気にするため。　・寄付することが社会的に評価されることが少ないため。　問7　(先進国)　(例)　・消費者が余裕のある生活をするために食べものが過剰に提供されていること。　・食品に見栄えや高い品質を求めるため，少しでも問題があると買わなかったり，食べずに廃棄したりするため。(開発途上国)　(例)　・人々が協力する組織がないこともあり，技術開発も遅れ計画的に食料を作れないため。　・食料を運んだり保管したりする道路や設備が不十分なため。
問8　(例)　世界の総人口が増え続け，食料が不足するから。[すべての人に食料を適正に分配する方法がないままに世界の総人口が増え続けることによって，ますます食料が行き渡らなくなるから。]　問9　(例)　自国でできるだけ食料を生産して，ほかの国から輸入しすぎないこと。　問10　イ　問11　ア　○　イ　×　ウ　○　エ　○　オ　×
問12　(例)　買い物のときに，消費期限の早いものから選んで買う。

○推定配点○

一　各1点×10　二　問1・問3・問4　各2点×10　問2・問10　各4点×2
問8・問12　各6点×2　問11　各1点×5　他　各5点×9　計100点

＜国語解説＞

一　(漢字の読み書き)

1は会社や店舗などの事業を営むこと。2は生まれつきもっている性質。3は日常の決まりきった行いのこと。4は新たに家を建てること。5はこわれたもののかけら。6は図形や色などの組合せで表されたもの。7の音読みは「シャ」。熟語は「四捨五入」など。8の「故郷」は「ふるさと」とも読む。9はいつも通りのありきたりな様子でないさま，日常とはかけ離れたさま。10は忘れた時にそなえて，要点を書きとめておくための手帳やメモ。

二　(説明文－要旨・大意・細部の読み取り，指示語，接続語，空欄補充，ことばの意味，反対語，記述力)

基本　問1　――aは将来の可能性に対する推測や予測。bは力を添えて，支え助けること。cはちょうどよく合っていて正しいこと。

問2　――①は「ファーストフード店と宴会やパーティーが開かれる居酒屋やレストラン」のうち，「宴会やパーティーが開かれる居酒屋やレストラン」を指す。2つの物や事がらを表すときに，前に説明したものを「前者」，後に説明したものを「後者」と呼び，この場合前者は「ファーストフード店」を指す。

問3　空欄Ⅰは直前の内容とは反対の内容が続いているのでエ，Ⅱは直前の内容につけ加える内容が続いているのでイ，Ⅲは直前の言葉を言いかえた言葉が続いているのでウがそれぞれあてはまる。

問4　物事が起こった直接的な理由という意味の――②の対義語は，原因をもとに生じた状態という意味の「結果」。上手にできないという意味の1の対義語は，自信があって上手であるという意味の「得意」。はなやかさがなく目立たないという意味の2の対義語は，はなやかで人目をひくという意味の「派手」。一か所に集まる意味の3の対義語は，集まっていた人が分かれてばらばらになるという意味の「解散」。

問5　――③のある段落前半で，③をするのは「『売り場の見栄えをよくしよう』とするために『絶対に欠品してはならない』という雰囲気が小売店側にもメーカー側にもあ」ることを述べているので，これらの内容を「製造・販売する側」にある「意識」として説明する。

問6　1　――④直後の段落で，「『フードバンク』とは……余っている食べものを食べものを必要とする人のために寄付する活動で」あることを述べている。　2　――⑤直後で，⑤の説明として「日本では，寄付をした食品で食中毒が起こらないかを気に」すること，「寄付することが社会的に評価されることが少な」いことを述べているので，この二点を説明する。

重要　問7　――⑥から続く3段落で，⑥の「先進国」の「食品ロス」については「消費者が余裕のある生活をするために食べものが過剰に提供されていること」，「食品に見栄えや高い品質を求めるため，少しでも問題があると買わなかったり……食べずに廃棄したりする」こと，「開発途上国」の「食品ロス」については「人々が協力する組織……がないこともあり，技術開発も後れ，計画的に食料を作」れないこと，「食べ物を作っても運ぶ方法がない」「保管できずに腐らせてしまう」など「道路や設備が不十分」であることが問題であることを述べているので，これらの内容をそれぞれの食品ロスの原因として，二点ずつ説明する。

やや難 問8　——⑦は「二〇二一年の世界の総人口は約七八億人，二〇五〇年には九八億人に達すると見込まれてい」ることで予想される問題で，⑦直後で「食料を無駄なく適正に配分できれば，地球上の飢餓問題は解消できるという人もい」ると述べていることもふまえ，世界の総人口が増え続けることで食料が不足すること，あるいは，すべての人に食料を適正に分配する方法がないままに世界の総人口が増え続けることで食料が行き渡らなくなること，といった内容で⑦の理由を説明する。

問9　——⑧について「公平かつ……」で始まる段落で，「公平かつ適正に食べものを配分するということは，自国でできるだけ食料を生産して，ほかの国から輸入しすぎないということを意味します」と述べているので，この部分を⑧の具体的内容としてまとめる。

問10　Xのある段落では，ほかの国から食べものを輸入していることについて述べているので，「輸入」にふれているイが適切。「輸入」にふれていない他の選択肢は不適切。

重要 問11　アは冒頭の段落で述べている。イは「ところで……」で始まる段落内容と合わない。ウは「『フードバンク』とは……」で始まる段落内容，エも「一方，開発途上国では……」で始まる段落内容をそれぞれふまえている。オは「世界のすべての……」で始まる段落内容と合わない。

やや難 問12　解答例では，買い物のときに，消費期限の早いものから選んで買うことを述べているが，ほかに，食品を必要な分だけ購入するようにする，購入した食品は使い切る，などが考えられる。日常の生活をふり返って，食品ロスを出さないためにできることを具体的に考えてみよう。

★ワンポイントアドバイス★

論説文では，具体例前後で述べている問題点や筆者の考えを，特に注意して読み進めていこう。

2023年度

★★★★★★★★★★★★★★★★★★★★★★★

入　試　問　題

2023年度

啓明学園中学校入試問題

【算　数】（45分）　＜満点：100点＞

1　次の計算をしなさい。

(1)　$9+57\div3$

答＿＿＿＿＿＿

(2)　$3\frac{1}{3}-1\frac{4}{5}$

答＿＿＿＿＿＿

(3)　$22.75\div3.5$

答＿＿＿＿＿＿

(4)　$10.5\div3\frac{1}{2}-\frac{3}{4}\div1.2$

答＿＿＿＿＿＿

(5)　$12500\times4000\div25000\times0.008$

答＿＿＿＿＿＿

(6)　$\{35+(6\times8-8)\div4\}\times(12\times3+6)\div35$

答＿＿＿＿＿＿

2　あとの問いに答えなさい。

(1)　8等分すると1つ分が20㎝になるひもを5等分すると1つ分は何㎝になりますか。

答＿＿＿＿＿＿㎝

(2)　以下のように，あるきまりにしたがって整数が並んでいます。□にはどのような数字がはいりますか。

4，5，7，10，□，19，25，……

答＿＿＿＿＿＿

⑶　ある三角形の面積が100cm^{2}です。底辺の長さが10cmのとき，三角形の高さは何cmですか。

答　　　　　　cm

⑷　35km先の目的地まで，自転車で走ります。時速15kmで走ったとするると，何時間何分で目的地にたどり着きますか。

答　　　　時間　　　　分

⑸　チケットを10人以上で買うと，全員分のチケットが定価の１割引きになります。チケット１枚の定価が1000円のとき，15人分チケットを買うと合計いくらになりますか。

答　　　　　　円

3　ポットでお湯をわかすときの温度と時間について表すことにしました。このポットで水を加熱すると，１分で10℃水の温度が上昇します。はじめに，ポットの中に入っている水の温度が15℃のとき，ポットの中の水の温度（℃）と時間（分）の関係について，下の表を完成させ，グラフ（次のページ）に表しなさい。

温度(℃)	15						…
時間(分)	0	2	4	6	8	10	…

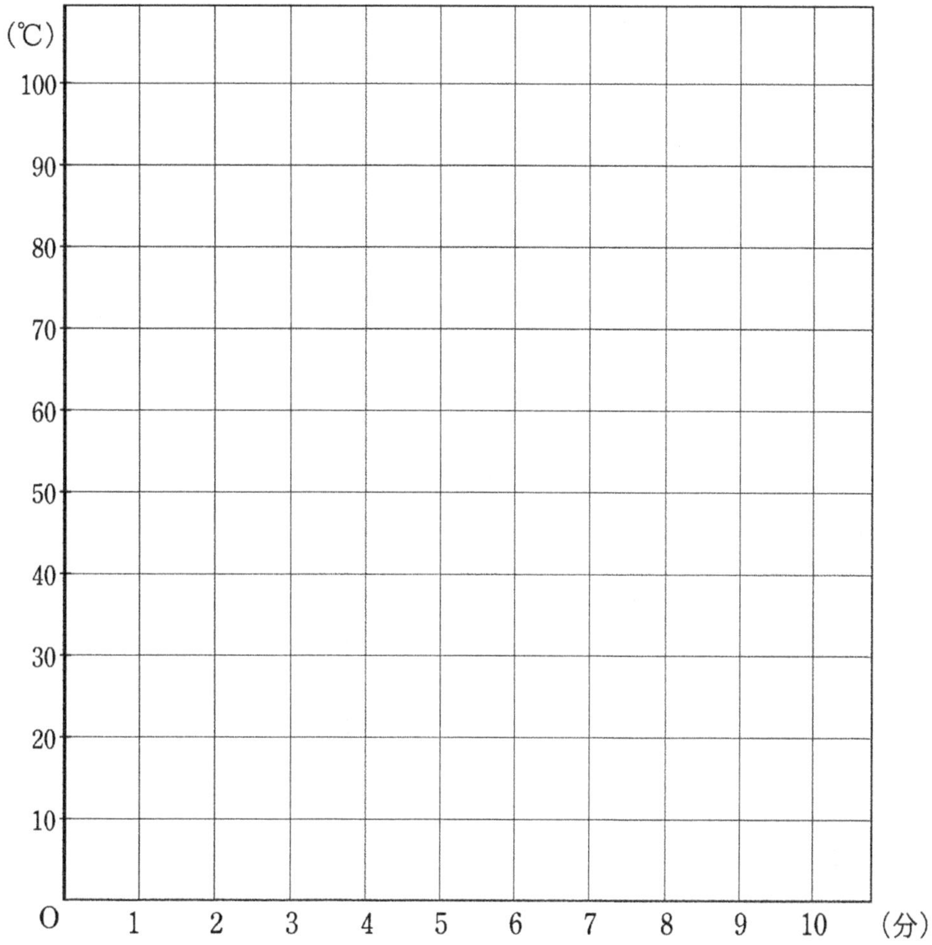

4　下の図のように，１辺が４㎝の正三角形があり，その頂点を中心とする半径２㎝の円が３個あります。この円の外側にぴったりとくっつくように正三角形をつくります
次のページの問いに答えなさい。ただし，円周率は3.14とします。

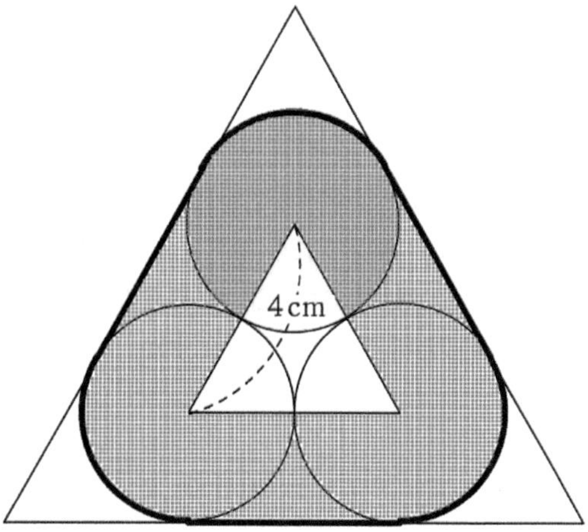

⑴　前のページの図の太線の長さを求めなさい。

答　　　　　　cm

⑵　塗りつぶされた図形の面積を求めなさい。

答　　　　　　cm^2

5　右の図のように，１辺４cmの立方体を平面で切り，２つの立体に分けました。その切り口は長方形になっています。次の問いに答えなさい。

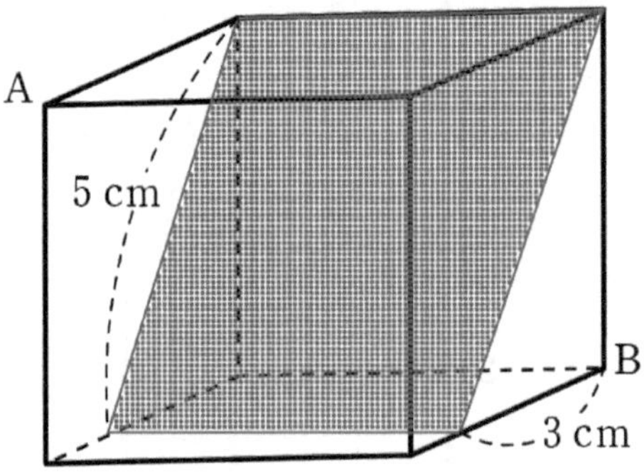

⑴　切り分けられた立体のうち，頂点Aがある立体の表面積を求めなさい。

答　　　　　　cm^2

⑵　切り分けられた立体のうち，頂点Bがある立体の体積を求めなさい。

答　　　　　　cm^3

⑶　頂点Aがある立体と，頂点Bがある立体の体積の比をできるだけ簡単な整数で答えなさい。

答　　　　：

6　啓子さんの学年では，ドッヂボール大会を行うことになりました。運動委員の啓子さんは，ドッヂボール大会の企画を考えています。各クラスからチームを出し合い，８チームで試合を行います。使用できるコートは４コートあります。次の問いに答えなさい。

⑴　トーナメント制にすると，何試合行うことになりますか。

答　　　　　　試合

⑵　総当たり戦にすると，何試合行うことになりますか。

答　　　　　　試合

⑶　⑵において，使える時間が２時間であるとき，試合と試合の間の休憩や交代の時間を少なくとも３分取ろうとすると，１試合の時間は最大で何分取ることができますか。
ただし，１分未満の時間は切り捨てることとする。

答　　　　　　分

7　明くんは，A駅とB駅の間で特急くじらと特急つつじの電車がすれ違う写真を撮るために，電車の発車，到着の時間や駅間の距離を調べています。A駅とB駅の距離は，6.4㎞で，特急くじらはA駅を９時３分20秒に発車し，B駅に９時８分30秒に到着します。特急つつじはB駅を９時４分20秒に発車し，A駅に９時９分30秒に到着します。どちらの電車も，駅を発車してから30秒間加速しながら200m進んだ後，一定の速度で走ります。また，駅の手前で30秒間減速し，200m進んだ後停止します。

⑴　特急くじらが一定の速度で走っているときの速さは秒速何mですか。

答　秒速　　　　m

⑵　特急くじらと特急つつじかすれ違うのは，駅Aから何m離れた地点ですか。

答　　　　　　m

問11　――⑩「やはり電線にもまず止まりません」とありますが、それはなぜですか。最も適当なものを次の選択肢の中から選び、記号で答えなさい。

ア　バードウォッチングでも姿を確認するのが難しいウグイスは、外敵からすぐ逃げることができるように、好んで河川の近くにある藪で生活をしているから。

イ　ウグイスは電線など無いような、草木が生い茂っている藪で主に暮らしているので、見慣れない電線はウグイスたちにとって警戒すべき対象であるから。

ウ　主に藪の中で暮らしていて、目立つ場所にはめったに出てこないようなウグイスは、人々の目に付くような場所にある電線に止まることもほぼしないから。

エ　鳥の足は生息環境に適した形をしており、藪に好んで暮らすウグイスの足の形状は、町中に張り巡らされている電線に止まることには適していないから。

問12　――⑪の二字熟語「写真」を使った以下の例題に従って、次の問題に答えなさい。

上の漢字と下の□の中の漢字を組み合わせて二字の熟語を二つ作り、答えのらんに記号で書きなさい。

〈例題〉

真　［ア写　イ実　ウ書　エ聞　オ歩］

［ア写］真・真［イ実］

①　満　［ア不　イ足　ウ自　エ非　オ画］

［1］満・満［2］

②　選　［ア山　イ線　ウ挙　エ門　オ予］

［3］選・選［4］

③　共　［ア最　イ有　ウ公　エ化　オ力］

［5］共・共［6］

問1 ═a・b・cの意味として最も適当なものを次の選択肢の中からそれぞれ選び記号で答えなさい。

a 「改良」

ア 人々がなじみやすいように、変えていくこと

イ 悪い点を直して、よりよくすること

ウ 時代の流れに合わせて、移り変わっていくこと

エ 最もよかったときの状態に戻すこと

b 「いきわたる」

ア 長年使われ続ける

イ 同じものが同時に広まる

ウ 使いやすいようになる

エ 広い範囲にもれなく届く

c 「推測する」

ア あることがらについて、かってに判断すること

イ ある物事について、根拠がない状態で考えること

ウ あることがらについて、他者の話から想像すること

エ ある物事について、想像して考えること

問2 ――①「この風景」とはどのような風景ですか。

問3 ――②「鳥の歴史は、鳥をどう定義するかにもよりますが、おおよそ1億年前から始まります。」の主語と述語をそれぞれ抜き出して答えなさい。

問4 ――③「この技術は便利さから急速に発達し」とありますが、「電線を使った通信技術」はどのような技術と比べてどのように便利になったのだと思いますか。考えて説明しなさい。

問5 ――④「このころ」とはどのような時代を指しますか。

問6 ――⑤「そういう地域」とはどのような地域のことですか。三十五字以内で説明しなさい。

問7 ――⑥「日本ではどれくらいの種類の鳥が止まるのでしょうか」とありますが、本文の内容をまとめた次の表の空欄A～Eに適当な語句を入れなさい。

世界の鳥類	約【A】
日本にいる鳥類	約【B】
【C】	約200種 ※日本にいる鳥類から、【D】【E】を除いたもの。

問8 ――⑦「なぜ、電線に止まる鳥と止まらない鳥がいるのでしょうか」とありますが、その要因となる文中の空欄X・Y・Zに入る語句として最も適当なものを次の選択肢の中から選び、記号で答えなさい。

ア 電線に止まることが可能か

イ 電線に止まりたいか

ウ 生息域に電線があるか

問9 ――⑧「町中にある細い電線に『止まる』ことはできないでしょう」とありますが、それはなぜですか。図13のカモの写真も参考にして、答えなさい。

問10 ――⑨「電線にももちろんよく止まってさえずります」とありますが、なぜですか。説明しなさい。

と止まりにくそうですが、ウの一種であるカワウは、電線によく止まります（図14）。カワウは内陸の河川《かせん》や湖沼《こしょう》で生活をし、木の上に巣を作るので、細いものに止まるのが得意だからかもしれません。

生息圏内に電線があり、電線に止まれる足の形状をしていても、めったに電線に止まらない鳥もいます。種によって「③［　Z　］」が異なるのです。

たとえばホオジロという鳥は、梢《こずえ》など目立つところに止まって鳴く習性をもっています。実際、ホオジロの声が聞こえたら、鳴いているほうを向いて木の梢を探せば、だいたい見つかります。こんな鳥ですから、⑨電線にももちろんよく止まってさえずります。

一方、ホーホケキョで有名なウグイスは、主に藪《やぶ》の中にいて、目立つ場所にはめったに出てきません。バードウォッチングをしていても、ウグイスの声が聞こえたら、姿を見るのはあきらめて、声だけを楽しみます。どうしても姿を見たければ、藪を睨《にら》んで持久戦をしなければなりません。こうした鳥は、⑩やはり電線にもまず止まりません。図15は、そんなウグイスが電線に止まっている貴重な⑪写真です。

注1　灯、狼煙、伝書鳩…火や煙、鳩などを使って情報をやりとりする、古くからある通信技術。

注2　図1～12までは、本文より前にのっているため、省略した。

（三上　修『岩波科学ライブラリー　298　電柱鳥類学
――スズメはどこに止まってる?』岩波書店）

図13

図14

図15

ます。40年前の日本には、⑤そういう地域がまだあったのです。現在は、日本国内のほとんどの家庭で、自由に電気が使え、自由に通信ができる、ありがたい時代となっています。

　架空電線の登場を19世紀半ば、1850年とすると、鳥と電線が出会って170年ほどたったことになります。しかし、この世にいる全ての鳥が電線に止まるわけではありません。むしろ、止まる鳥のほうが少ないかもしれません。⑥日本ではどれくらいの種類の鳥が止まるのでしょうか。

　鳥類は、世界では約1万種おり、日本にはそのうち約700種がいます。この700種の中には、国内では数度しか確認《かくにん》されていない種もいます。鳥は飛べるので、本来はヨーロッパに生息している鳥が迷ってやってくる、というようなことがあるからです。また、700種の中には、国内の特定の離島《りとう》にしか生息していないものもいます。そのため、ある1地域（たとえば1つの県）で見られる鳥は、せいぜい200種くらいです。

　この約200種のすべてが電線に止まるわけではありません。かつて、日本野鳥の会の会報誌で、電線に止まる鳥についてアンケートがとられたことがありました。その結果、133種の観察例が集まっています。これらの観察例は全国から集まったものなので、先述のように、特定の地域にしかいない種も含《ふく》まれています。また、この観察の中には、おそらく町中で普通に見られるものより太い電線に止まった鳥も含まれています。町中の一般的《いっぱんてき》な電線に止まる鳥に限れば、50種かそれ以下でしょう。その50種の顔ぶれをみても、スズメやカラスのように電線に頻繁《ひんぱん》に止まるものから、ごくまれにしか止まらないものまでさまざまです。

　⑦なぜ、電線に止まる鳥と止まらない鳥がいるのでしょうか。3つの要因が考えられます。「①　X　」、「②　Y　」、そして「③　Z　」です。

　まず「①　X　」。生息圏《せいそくけん》内にそもそも電線がない鳥もいます。人里離《はな》れた山奥や海上で暮らす鳥がそうです。これらの鳥にとって、見慣れない電線は警戒《けいかい》すべき対象かもしれません。

　次に、「②　Y　」。たとえ生息圏内に電線があっても、足の構造上、止まることができない鳥もいます。鳥の足は4本指から構成されていますが、種によって、その形状は異なります。たとえばカモの仲間では、前の3本指の間には水かきがついていて泳げるようになっています（図13）[注2]。一方、キツツキの仲間は、前に2本、後ろに2本のX字型をしていて、木に垂直に止まる際に、木の幹をがっしりとつかめるようになっています。他にも多様な足の形状があります。それぞれの生息環境《かんきょう》に適した形をしているのです。カモの足では、直径10㎝ほどの太いワイヤーに「乗る」ことはできますが、⑧町中にある細い電線に「止まる」ことはできないでしょう。

　とはいえ、足の形状だけからc推測するのも危険です。鵜飼《うかい》で知られるウの仲間は、カモと似たような足の形状をしています。水の中を泳いでアユを獲《と》ることでもわかるように、水かきがあるのです。こんな足だ

【国　語】（四五分）〈満点：一〇〇点〉

一、＝＝1～10のひらがなは漢字に、漢字はひらがなに直しなさい。
（送りがなも書くこと）

1　相手の力にあっとうされた。
2　傷口をしょうどくする。
3　親しかった友人と、十年ぶりにさいかいする。
4　特別な力を持った集団をひきいる。
5　リーダーの仕事をおぎなう。
6　その部屋は本がさんらんしていた。
7　役割をぶんたんする。
8　機械がこしょうした。
9　運動会の準備に余念がない。
10　新しい商品の宣伝を行う。

二、次の文章を読んで後の問いに答えなさい。

鳥が電柱や電線に止まるのは、今や日常の風景です。しかし「まえがき」でも触《ふ》れたように、鳥の歴史からみれば、①この風景はごく最近のものです。②鳥の歴史は、鳥をどう定義するかにもよりますが、おおよそ1億年前から始まります。

一方の電柱・電線は、人類の通信技術の1つとして登場します。人類の通信技術は、注1灯《ともし》、狼煙《のろし》、伝書鳩《でんしょばと》などから始まりました（ちなみに伝書鳩の歴史は古く、紀元前3000年ごろにはすでに使われていました）。それらの技術もa改良はなされてきましたが、現代に通じる「電線を使っての通信技術」の開発が始まったのは、ずっと後の19世紀前半です。

以降、③この技術は便利さから急速に発達し、19世紀の中ごろには、アメリカで電報網《でんぽうもう》が整備され始めます。屋外の空中に電線が渡《わた》されるようになったのはこのころでしょうから、鳥と電線のはじめての出会いも④このころでしょう。一番はじめに、あの細い線に止まった勇気ある鳥は、どんな鳥だったのでしょうか。その後、1875年には、アメリカでグラハム・ベルが電話機を発明し、電話機も広まっていきます。

そして、電気を線で送れる時代に突入《とつにゅう》します。架空《かくう》電線が増えて、鳥たちにとって電線の存在が日常になっていきます。

日本に目を向けると、東京－横浜《よこはま》間で電報サービスが始まったのが1870年。前章で述べたように、当時は「電柱＝電信柱」でした。その後、電話線、そして電力線が渡されるようになりました。電力に関しては、東京で各家庭に電灯がbいきわたったのが1920年ごろです。ただし、まだ電灯だけで、壁《かべ》にあるコンセントから電気を気軽にとれるようになったわけではありません。

戦後に大規模な電源開発（発電所の建設）が行われたことで、多くの家庭に十分な電気が届くようになりました。私が子供のころ（1970年代後半）、島根県松江市《まつえし》内の自宅には、もちろん普通《ふつう》に電気がありました。しかし、父の実家は鳥取県の山奥《やまおく》にあり、薪《まき》で風呂《ふろ》を沸《わ》かしているようなところでした。それくらい山奥だと、電気といっても暗い電灯しかなく、コンセントを差して何かできるようになったのは、しばらく経《た》ってからのことでした。小学校の高学年になって、その家でついに電気炊飯器《すいはんき》が使えるようになったのを見て、びっくりしたことを覚えてい

2023年度

解　答　と　解　説

《2023年度の配点は解答欄に掲載してあります。》

＜算数解答＞

1　(1)　28　(2)　$1\frac{8}{15}$　(3)　6.5　(4)　$2\frac{3}{8}$　(5)　16　(6)　54

2　(1)　32cm　(2)　14　(3)　20cm　(4)　2時間20分　(5)　13500円

3　解説参照

4　(1)　24.56cm　(2)　36.56cm^2

5　(1)　76cm^2　(2)　24cm^3　(3)　5：3

6　(1)　7試合　(2)　28試合　(3)　14分

7　(1)　秒速24m　(2)　3920m

○推定配点○

3　数値　各2点×5　7　各5点×2　他　各4点×20　計100点

＜算数解説＞

1　(四則計算)

(1)　9＋19＝28　(2)　$3\frac{5}{15}-1\frac{12}{15}=1\frac{8}{15}$

(3)　227.5÷35＝6.5　(4)　$3-\frac{3}{4}\times\frac{5}{6}=3-\frac{5}{8}=2\frac{3}{8}$

(5)　125÷25×3.2＝16　(6)　45×42÷35＝9×42÷7＝54

基本　2　(割合と比，規則性，平面図形，面積，速さの三公式と比，単位の換算)

(1)　20×8÷5＝32(cm)

(2)　10＋4＝14

(3)　100×2÷10＝20(cm)

(4)　$35\div15=\frac{7}{3}=2\frac{1}{3}$(時間)　すなわち2時間20分

(5)　1000×15×0.9＝13500(円)

重要　3　(2量の関係，割合と比，表とグラフ)

水の温度…毎分10度ずつ上昇するので2分で20度上昇し，100度で水がふっとうして水蒸気に変わる。したがって，表は下，グラフは右のようになる。

温度(℃)	15	35	55	75	95	100	…
時間(分)	0	2	4	6	8	10	…

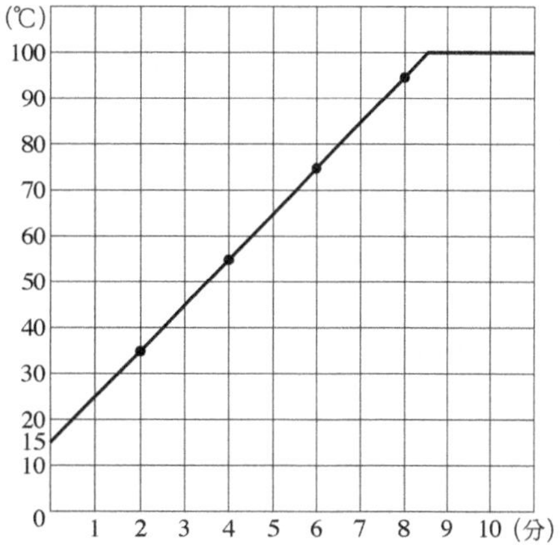

重要 **4** （平面図形）

(1)　右図より，4×3.14＋4×3＝24.56(cm)

(2)　面積…2×2×3.14＋4×2×3＝12.56＋24＝36.56(cm^2)

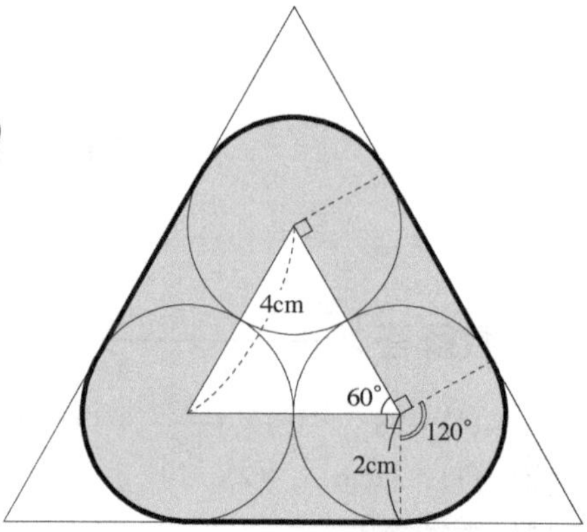

重要 **5** （平面図形，立体図形）

(1)　四角柱ACDE－FGHJの表面積　　台形ACDEの面積×2…右図より，(4＋1)×4＝20(cm^2)　　台形ACDEの周×4…(4×2＋1＋5)×4＝56(cm^2)　　したがって，表面積は20＋56＝76(cm^2)

(2)　三角柱EDK－JHBの体積　　4×3÷2×4＝24(cm^3)

(3)　台形ACDEと三角形EDKの面積比…(4＋1)：3＝5：3　　したがって，求める体積比も5：3

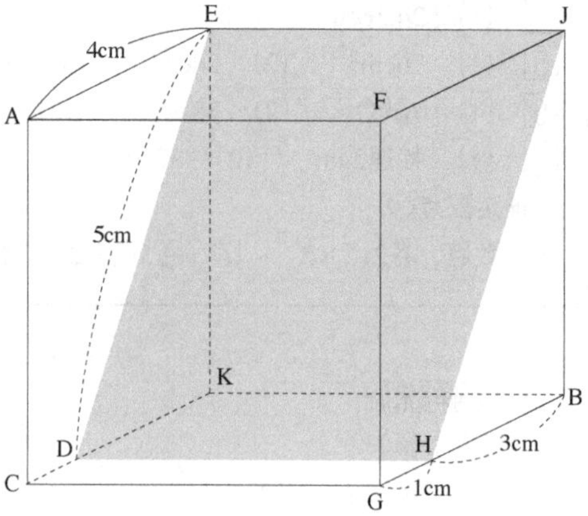

6 （場合の数，植木算，単位の換算，概数）

基本 (1)　8チームのトーナメント戦…8－1＝7(試合)

重要 (2)　総当たり(リーグ)…8×7÷2＝28(試合)
8チームから2チームを選ぶ組み合わせ

(3)　1つのコートで行う試合数…(2)より，28÷4＝7(試合)　　休憩・交代の数…7－1＝6(回)　したがって，1試合の時間は(60×2－3×6)÷7≒14.5より，14分

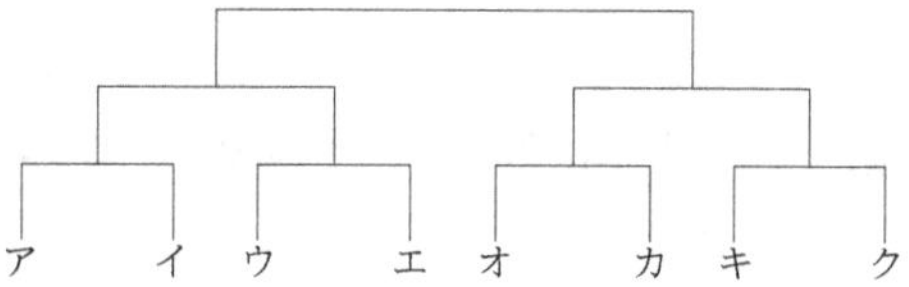

7 （速さの三公式と比，通過算，単位の換算）

重要 (1)　「くじら」が一定速度で進んだ距離…6400－200×2＝6000(m)　　「くじら」が一定速度で進んだ時間…8分30秒－(3分20秒＋30秒×2)＝4分10秒＝250(秒)　　したがって，「くじら」の秒速は6000÷250＝24(m)

やや難 (2)　9時4分20秒＋30秒＝9時4分50秒のとき　　「くじら」が進んだ時間…4分50秒－(3分20秒＋30秒)＝1分＝60秒　　「くじら」が進んだ距離…(1)より，200＋24×60＝1640(m)　　「つつじ」が一定速度で進んだ時間…9分30秒－(4分20秒＋30秒×2)＝250(秒)　　「つつじ」の秒速…24m　したがって，Aからすれ違う地点までの距離は1640＋{6400－(1640＋200)}÷2＝1640＋2280＝3920(m)

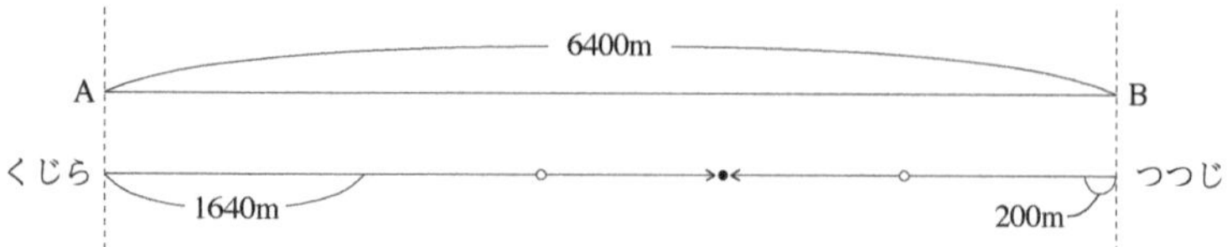

★ワンポイントアドバイス★

[3]「水温と加熱時間」の問題は，理科の知識を忘れているとまちがえてしまう。[5](1)「立体の表面積」では，切り口の面の面積を忘れないこと。[7](2)「すれ違う地点」までの距離は簡単ではないが，計算しやすい問題設定になっている。

＜国語解答＞

一　1　圧倒　2　消毒　3　再会　4　率いる　5　補う　6　散乱　7　分担　8　故障　9　よねん　10　せんでん

二　問1　a　イ　b　エ　c　エ　問2　（例）　鳥が電柱や電線に止まっているような風景。　問3　（主語）　歴史は　（述語）　始まります　問4　（例）　電線を使った通信技術は，伝書鳩に比べ，途中で情報をたくしたものがいなくなってしまうことも，情報を教えたくない人に見られてしまうこともなく，特別な生き物を用意しなくても利用できる点で，便利になった。　問5　（例）　電報網が整備され，屋外の空中に電線が渡されるようになったころ。　問6　（例）　コンセントにさして電気を使うことがまだ珍しいと感じられる地域。　問7　（例）　A　一万種　B　七百種　C　ある一地域で見られる鳥　D　遠い地域に住むが，迷い込んだ鳥　E　国内の特定の離島にしか生息していない鳥　問8　X　ウ　Y　ア　Z　イ　問9　（例）　カモの足には大きな水かきがあり，電線をがっしりとつかんで止まることは難しいから。　問10　（例）　梢など目立つところに止まって鳴く習性を持っているから。　問11　ウ　問12　①　1　ア　2　イ　②　3　オ　4　ウ　③　5　ウ　6　イ

○推定配点○

一　各1点×10　二　問1・問3　各2点×5　問2・問11　各5点×2　問4　8点　問7・問8　各4点×8　問12　各1点×6　他　各6点×4　計100点

＜国語解説＞

一　（漢字の読み書き）

1は他よりはるかにまさること。2は人体に有害な病原菌を殺すこと。3は長い間顔を合わせていない人同士が会うこと。4の音読みは「リツ，ソツ」。熟語は「倍率」「引率」など。5の「補」は「ネ(ころもへん)」であることに注意。6はあたり一面にちらばること。7は分け合って受け持つこと。8は機能が正常に働かなくなること。9の「余念がない」は他の事は考えずに一つの事に集中すること。10は人々に説明し，広く伝え知らせること。

二　（説明文－要旨・大意・細部の読み取り，指示語，ことばの意味，文と文節，記述力）

基本　問1　══aは「かいりょう」と読む。悪い点や短所を直して，よりよくすること。bは「行き渡る」と書く。cは「すいそく(する)」と読む。おしはかって想像すること。

問2　――①直前の「鳥が電柱や電線に止まるのは……日常の風景です」と述べている部分を「～風景。」の形でまとめる。

問3　――②の主語は「歴史は」，述語は「始まります」である。まず述語を確認し，主語として何がその述語の状態や様子になっているかを確認する。

やや難　問4　――③の「この技術」すなわち「電線を使った通信技術」と，それまでの「伝書鳩」を使っ

た「通信技術」を比べる。「伝書鳩」の場合，まず伝書鳩を用意しなければならないこと，その伝書鳩が途中でいなくなってしまうかもしれないこと，伝えたい人に届かず他の人に見られてしまうかもしれないこと，などが不便な点として考えられる。伝書鳩で考えられる不便な点を，電線を使った通信技術では便利になったこととして，③が便利になったことを具体的に説明する。

問5　――④直前の「……電報網が整備され始め……屋外の空中に電線が渡されるようになった」と述べている部分を，④の具体的な内容としてまとめる。

やや難　問6　――⑤直前で述べている，筆者が小学校の高学年になったころの父の実家の様子をふまえ，「コンセントにさして電気を使うことがまだ珍しいと感じられる地域」というような内容で具体的に説明する。

問7　「鳥類は世界では……」で始まる段落内容から，空欄Aは「一万種」，Bは「七百種」，Cは「ある一地域で見られる鳥」がそれぞれ入る。Dは「本来はヨーロッパに生息している鳥が迷ってやってくる」と述べていること，Eは「国内の特定の離島にしか生息していないものもい」ると述べていることをふまえ，それぞれどのような鳥かを具体的に説明する。

重要　問8　――⑦直後の段落の空欄X直後で「生息圏にそもそも電線がない鳥もいます」と述べていることから，Xにはウが適当。「次に……」で始まる段落のY直後で「たとえ生息圏に電線があっても，足の構造上，止まることができない鳥もいます」と述べていることから，Yにはアが適当。「生息圏内に……」で始まる段落のZ直前で「生息圏内に電線があり，電線に止まれる足の形状をしていても，めったに電線に止まらない鳥もいます」と述べていることから，「種によって」異なるという意味でZにはイが適当。

問9　――⑧のある段落で，「足の構造上，(電線に)止まることができない鳥」の例である「カモの仲間」は，図13でも確認できるように「水かきがついてい」るので⑧である，と述べているので，この段落内容と図13を参考にして，カモのことである⑧の理由を具体的に説明する。

問10　――⑨は「ホオジロ」のことで，⑨のある段落冒頭で「ホオジロという鳥は，梢など目立つところに止まって鳴く習性を持ってい」ることを述べているので，この部分を⑨の理由として説明する。

重要　問11　――⑩は「ウグイス」のことで，「ウグイスは主に藪の中にいて，目立つ場所にはめったに出てきません」と述べているのでウが適当。⑩前の内容をふまえていない他の選択肢は不適当。

問12　①の1はもの足りなく，満足しないことという意味の「不満」，2は心が満ち足りていることという意味の「満足」。②の3は前もって選び出すことという意味の「予選」，4は組織や集団において，その代表者や役員を投票などによって選出することという意味の「選挙」。③の5は社会一般，公衆，また社会全体がそれにかかわることという意味の「公共」，6は共同で所有することという意味の「共有」。

★ワンポイントアドバイス★

説明文では，取り上げているテーマについて，さまざまな具体例を通して述べているしっかり読み取っていこう。

解答用紙集

○月×日 △曜日 天気（合格日和）

◆ご利用のみなさまへ

＊解答用紙の公表を行っていない学校につきましては、弊社の責任において、解答用紙を制作いたしました。

＊編集上の理由により一部縮小掲載した解答用紙がございます。

＊編集上の理由により一部実物と異なる形式の解答用紙がございます。

人間の最も偉大な力とは、その一番の弱点を克服したところから生まれてくるものである。 ――カール・ヒルティ――

東京学参株式会社

◇国語◇

啓明学園中学校　２０２４年度

※１８２%に拡大していただくと、解答欄は実物大になります。

一

1 けいえい	2 そしつ	3 しゅうかん	4 じんちく	5 はへん
6 もよう	7 すてる	8 こきょう	9 非日常	10 備忘

二

問1	a	b	c		
問2					
問3	Ⅰ	Ⅱ	Ⅲ		
問4		1	2	3	
問5					
問6	1				
	2				
問7	先進国				
	開発途上国				
問8					
問9					
問10					
問11	ア	イ	ウ	エ	オ
問12					

◇国語◇

啓明学園中学校　２０２３年度

※１４９％に拡大していただくと，解答欄は実物大になります。

一

1 あっとう	2 しょうどく	3 さいかい	4 ひきいる	5 おぎなう
6 さんらん	7 ぶんたん	8 こしょう	9 余念	10 宣伝

二

問１　a　b　c

問２

問３　主語　述語

問４

問５

問６

問７　A　B　C　D　E

問８　X　Y　Z

問９

問１０

問１１

問１２　①　1　2　②　3　4　③　5　6

MEMO

大切なことはメモしておこうネ！

MEMO

大切なことはメモしておこうネ！

MEMO

大切なことはメモしておこうネ！

MEMO

大切なことはメモしておこうネ！

MEMO

大切なことはメモしておこうネ！

MEMO

大切なことはメモしておこうネ！

東京学参の

中学校別入試過去問題シリーズ

＊出版校は一部変更することがあります。一覧にない学校はお問い合わせください。

東京ラインナップ

あ　青山学院中等部(L04)
麻布中学(K01)
桜蔭中学(K02)
お茶の水女子大附属中学(K07)
か　海城中学(K09)
開成中学(M01)
学習院中等科(M03)
慶應義塾中等部(K04)
啓明学園中学(N29)
晃華学園中学(N13)
攻玉社中学(L11)
国学院大久我山中学
（一般・CC）(N22)
（ＳＴ）(N23)
駒場東邦中学(L01)
さ　芝中学(K16)
芝浦工業大附属中学(M06)
城北中学(M05)
女子学院中学(K03)
巣鴨中学(M02)
成蹊中学(N06)
成城中学(K28)
成城学園中学(L05)
青稜中学(K23)
創価中学(N14)★
た　玉川学園中学部(N17)
中央大附属中学(N08)
筑波大附属中学(K06)
筑波大附属駒場中学(L02)
帝京大中学(N16)
東海大菅生高中等部(N27)
東京学芸大附属竹早中学(K08)
東京都市大付属中学(L13)
桐朋中学(N03)
東洋英和女学院中学部(K15)
豊島岡女子学園中学(M12)
な　日本大第一中学(M14)
日本大第三中学(N19)
日本大第二中学(N10)
は　雙葉中学(K05)
法政大学中学(N11)
本郷中学(M08)
ま　武蔵中学(N01)
明治大付属中野中学(N05)
明治大付属八王子中学(N07)
明治大付属明治中学(K13)
ら　立教池袋中学(M04)
わ　和光中学(N21)
早稲田中学(K10)
早稲田実業学校中等部(K11)
早稲田大高等学院中学部(N12)

神奈川ラインナップ

あ　浅野中学(O04)
栄光学園中学(O06)
か　神奈川大附属中学(O08)
鎌倉女学院中学(O27)
関東学院六浦中学(O31)
慶應義塾湘南藤沢中等部(O07)
慶應義塾普通部(O01)
さ　相模女子大中学部(O32)
サレジオ学院中学(O17)
逗子開成中学(O22)
聖光学院中学(O11)
清泉女学院中学(O20)
洗足学園中学(O18)
捜真女学校中学部(O29)
た　桐蔭学園中等教育学校(O02)
東海大付属相模高中等部(O24)
桐光学園中学(O16)
な　日本大中学(O09)
は　フェリス女学院中学(O03)
法政大第二中学(O19)
や　山手学院中学(O15)
横浜隼人中学(O26)

千・埼・茨・他ラインナップ

あ　市川中学(P01)
浦和明の星女子中学(Q06)
か　海陽中等教育学校
（入試Ⅰ・Ⅱ）(T01)
（特別給費生選抜）(T02)
久留米大附設中学(Y04)
さ　栄東中学(東大・難関大)(Q09)
栄東中学(東大特待)(Q10)
狭山ヶ丘高校付属中学(Q01)
芝浦工業大柏中学(P14)
渋谷教育学園幕張中学(P09)
城北埼玉中学(Q07)
昭和学院秀英中学(P05)
清真学園中学(S01)
西南学院中学(Y02)
西武学園文理中学(Q03)
西武台新座中学(Q02)
専修大松戸中学(P13)
た　筑紫女学園中学(Y03)
千葉日本大第一中学(P07)
千葉明徳中学(P12)
東海大付属浦安高中等部(P06)
東邦大付属東邦中学(P08)
東洋大附属牛久中学(S02)
獨協埼玉中学(Q08)
な　長崎日本大中学(Y01)
成田高校付属中学(P15)
は　函館ラ・サール中学(X01)
日出学園中学(P03)
福岡大附属大濠中学(Y05)
北嶺中学(X03)
細田学園中学(Q04)
や　八千代松陰中学(P10)
ら　ラ・サール中学(Y07)
立命館慶祥中学(X02)
立教新座中学(Q05)
わ　早稲田佐賀中学(Y06)

公立中高一貫校ラインナップ

北海道　市立札幌開成中等教育学校(J22)
宮　城　宮城県仙台二華・古川黎明中学校(J17)
市立仙台青陵中等教育学校(J33)
山　形　県立東桜学館・致道館中学校(J27)
茨　城　茨城県立中学・中等教育学校(J09)
栃　木　県立宇都宮東・佐野・矢板東高校附属中学校(J11)
群　馬　県立中央・市立四ツ葉学園中等教育学校・
市立太田中学校(J10)
埼　玉　市立浦和中学校(J06)
県立伊奈学園中学校(J31)
さいたま市立大宮国際中等教育学校(J32)
川口市立高等学校附属中学校(J35)
千　葉　県立千葉・東葛飾中学校(J07)
市立稲毛国際中等教育学校(J25)
東　京　区立九段中等教育学校(J21)
都立大泉高等学校附属中学校(J28)
都立両国高等学校附属中学校(J01)
都立白鷗高等学校附属中学校(J02)
都立富士高等学校附属中学校(J03)
都立三鷹中等教育学校(J29)
都立南多摩中等教育学校(J30)
都立武蔵高等学校附属中学校(J04)
都立立川国際中等教育学校(J05)
都立小石川中等教育学校(J23)
都立桜修館中等教育学校(J24)
神奈川　川崎市立川崎高等学校附属中学校(J26)
県立平塚・相模原中等教育学校(J08)
横浜市立南高等学校附属中学校(J20)
横浜サイエンスフロンティア高校附属中学校(J34)
広　島　県立広島中学校(J16)
県立三次中学校(J37)
徳　島　県立城ノ内中等教育学校・富岡東・川島中学校(J18)
愛　媛　県立今治東・松山西中等教育学校(J19)
福　岡　福岡県立中学校・中等教育学校(J12)
佐　賀　県立香楠・致遠館・唐津東・武雄青陵中学校(J13)
宮　崎　県立五ヶ瀬中等教育学校・宮崎西・都城泉ヶ丘高校附属中学校(J15)
長　崎　県立長崎東・佐世保北・諫早高校附属中学校(J14)

公立中高一貫校「適性検査対策」問題集シリーズ

総合編　作文問題編　資料問題編　数と図形編　生活と科学編　実力確認テスト編

私立中・高スクールガイド

THE《ザ》 私立

私立中学＆高校の学校生活がわかる！

東京学参の
高校別入試過去問題シリーズ

＊出版校は一部変更することがあります。一覧にない学校はお問い合わせください。

東京ラインナップ

あ 愛国高校（A59）
青山学院高等部（A16）★
桜美林高校（A37）
お茶の水女子大附属高校（A04）
か 開成高校（A05）★
共立女子第二高校（A40）★
慶應義塾女子高校（A13）
啓明学園高校（A68）★
国学院高校（A30）
国学院大久我山高校（A31）
国際基督教大高校（A06）
小平錦城高校（A61）★
駒澤大高校（A32）
さ 芝浦工業大附属高校（A35）
修徳高校（A52）
城北高校（A21）
専修大附属高校（A28）
創価高校（A66）★
た 拓殖大第一高校（A53）
立川女子高校（A41）
玉川学園高等部（A56）
中央大高校（A19）
中央大杉並高校（A18）★
中央大附属高校（A17）
筑波大附属高校（A01）
筑波大附属駒場高校（A02）
帝京大高校（A60）
東海大菅生高校（A42）
東京学芸大附属高校（A03）
東京農業大第一高校（A39）
桐朋高校（A15）
都立青山高校（A73）★
都立国立高校（A76）★
都立国際高校（A80）★
都立国分寺高校（A78）★
都立新宿高校（A77）★
都立墨田川高校（A81）★
都立立川高校（A75）★
都立戸山高校（A72）★
都立西高校（A71）★
都立八王子東高校（A74）★
都立日比谷高校（A70）★
な 日本大櫻丘高校（A25）
日本大第一高校（A50）
日本大第三高校（A48）
日本大第二高校（A27）
日本大鶴ヶ丘高校（A26）
日本大豊山高校（A23）
は 八王子学園八王子高校（A64）
法政大高校（A29）
ま 明治学院高校（A38）
明治学院東村山高校（A49）
明治大付属中野高校（A33）
明治大付属八王子高校（A67）
明治大付属明治高校（A34）★
明法高校（A63）
わ 早稲田実業学校高等部（A09）
早稲田大高等学院（A07）

神奈川ラインナップ

あ 麻布大附属高校（B04）
アレセイア湘南高校（B24）
か 慶應義塾高校（A11）
神奈川県公立高校特色検査（B00）
さ 相洋高校（B18）
た 立花学園高校（B23）
桐蔭学園高校（B01）
東海大付属相模高校（B03）★
桐光学園高校（B11）
な 日本大高校（B06）
日本大藤沢高校（B07）
は 平塚学園高校（B22）
藤沢翔陵高校（B08）
法政大国際高校（B17）
法政大第二高校（B02）★
や 山手学院高校（B09）
横須賀学院高校（B20）
横浜商科大高校（B05）
横浜市立横浜サイエンスフロンティア高校（B70）
横浜翠陵高校（B14）
横浜清風高校（B10）
横浜創英高校（B21）
横浜隼人高校（B16）
横浜富士見丘学園高校（B25）

千葉ラインナップ

あ 愛国学園大附属四街道高校（C26）
我孫子二階堂高校（C17）
市川高校（C01）★
か 敬愛学園高校（C15）
さ 芝浦工業大柏高校（C09）
渋谷教育学園幕張高校（C16）★
翔凜高校（C34）
昭和学院秀英高校（C23）
専修大松戸高校（C02）
た 千葉英和高校（C18）
千葉敬愛高校（C05）
千葉経済大附属高校（C27）
千葉日本大第一高校（C06）★
千葉明徳高校（C20）
千葉黎明高校（C24）
東海大付属浦安高校（C03）
東京学館高校（C14）
東京学館浦安高校（C31）
な 日本体育大柏高校（C30）
日本大習志野高校（C07）
は 日出学園高校（C08）
や 八千代松陰高校（C12）
ら 流通経済大付属柏高校（C19）★

埼玉ラインナップ

あ 浦和学院高校（D21）
大妻嵐山高校（D04）★
か 開智高校（D08）
開智未来高校（D13）★
春日部共栄高校（D07）
川越東高校（D12）
慶應義塾志木高校（A12）
さ 埼玉栄高校（D09）
栄東高校（D14）
狭山ヶ丘高校（D24）
昌平高校（D23）
西武学園文理高校（D10）
西武台高校（D06）
た 東京農業大第三高校（D18）
は 武南高校（D05）
本庄東高校（D20）
や 山村国際高校（D19）
ら 立教新座高校（A14）
わ 早稲田大本庄高等学院（A10）

北関東・甲信越ラインナップ

あ 愛国学園大附属龍ヶ崎高校（E07）
宇都宮短大附属高校（E24）
か 鹿島学園高校（E08）
霞ヶ浦高校（E03）
共愛学園高校（E31）
甲陵高校（E43）
国立高等専門学校（A00）
さ 作新学院高校
（トップ英進・英進部）（E21）
（情報科学・総合進学部）（E22）
常総学院高校（E04）
た 中越高校（R03）＊
土浦日本大高校（E01）
東洋大附属牛久高校（E02）
な 新潟青陵高校（R02）
新潟明訓高校（R04）
日本文理高校（R01）
は 白鷗大足利高校（E25）
ま 前橋育英高校（E32）
や 山梨学院高校（E41）

中京圏ラインナップ

あ 愛知高校（F02）
愛知啓成高校（F09）
愛知工業大名電高校（F06）
愛知みずほ大瑞穂高校（F25）
暁高校（3年制）（F50）
鶯谷高校（F60）
栄徳高校（F29）
桜花学園高校（F14）
岡崎城西高校（F34）
か 岐阜聖徳学園高校（F62）
岐阜東高校（F61）
享栄高校（F18）
さ 桜丘高校（F36）
至学館高校（F19）
椙山女学園高校（F10）
鈴鹿高校（F53）
星城高校（F27）★
誠信高校（F33）
清林館高校（F16）★
た 大成高校（F28）
大同大大同高校（F30）
高田高校（F51）
滝高校（F03）★
中京高校（F63）
中京大附属中京高校（F11）★
中部大春日丘高校（F26）★
中部大第一高校（F32）
津田学園高校（F54）
東海高校（F04）★
東海学園高校（F20）
東邦高校（F12）
同朋高校（F22）
豊田大谷高校（F35）
な 名古屋高校（F13）
名古屋大谷高校（F23）
名古屋経済大市邨高校（F08）
名古屋経済大高蔵高校（F05）
名古屋女子大高校（F24）
名古屋たちばな高校（F21）
日本福祉大付属高校（F17）
人間環境大附属岡崎高校（F37）
は 光ヶ丘女子高校（F38）
誉高校（F31）
ま 三重高校（F52）
名城大附属高校（F15）

宮城ラインナップ

さ 尚絅学院高校（G02）
聖ウルスラ学院英智高校（G01）★
聖和学園高校（G05）
仙台育英学園高校（G04）
仙台城南高校（G06）
仙台白百合学園高校（G12）
た 東北学院高校（G03）★
東北学院榴ヶ岡高校（G08）
東北高校（G11）
東北生活文化大高校（G10）
常盤木学園高校（G07）
は 古川学園高校（G13）
ま 宮城学院高校（G09）★

北海道ラインナップ

さ 札幌光星高校（H06）
札幌静修高校（H09）
札幌第一高校（H01）
札幌北斗高校（H04）
札幌龍谷学園高校（H08）
は 北海高校（H03）
北海学園札幌高校（H07）
北海道科学大高校（H05）
ら 立命館慶祥高校（H02）

★はリスニング音声データのダウンロード付き。

都道府県別 公立高校入試過去問 シリーズ

- 全国47都道府県別に出版
- 最近数年間の検査問題収録
- リスニングテスト音声対応

公立高校入試対策 問題集シリーズ

- 目標得点別・公立入試の数学（基礎編）
- 実戦問題演習・公立入試の数学（実力錬成編）
- 実戦問題演習・公立入試の英語（基礎編・実力錬成編）
- 形式別演習・公立入試の国語
- 実戦問題演習・公立入試の理科
- 実戦問題演習・公立入試の社会

高校入試特訓問題集 シリーズ

- 英語長文難関攻略33選（改訂版）
- 英語長文テーマ別難関攻略30選
- 英文法難関攻略20選
- 英語難関徹底攻略33選
- 古文完全攻略63選（改訂版）
- 国語融合問題完全攻略30選
- 国語長文難関徹底攻略30選
- 国語知識問題完全攻略13選
- 数学の図形と関数・グラフの融合問題完全攻略272選
- 数学難関徹底攻略700選
- 数学の難問80選
- 数学 思考力—規則性とデータの分析と活用—

〈ダウンロードコンテンツについて〉

本問題集のダウンロードコンテンツ、弊社ホームページで配信しております。現在ご利用いただけるのは「2025年度受験用」に対応したもので、**2025年3月末日**までダウンロード可能です。弊社ホームページにアクセスの上、ご利用ください。
※配信期間が終了いたしますと、ご利用いただけませんのでご了承ください。

中学別入試過去問題シリーズ
啓明学園中学校　2025年度
ISBN978-4-8141-3188-4

[発行所] 東京学参株式会社
〒153-0043　東京都目黒区東山2-6-4

書籍の内容についてのお問い合わせは右のQRコードから ⇒

※書籍の内容についてのお電話でのお問い合わせ、本書の内容を超えたご質問には対応できませんのでご了承ください。

2024年4月17日　初版